シュタイナー
第2期　NO. 3
2000年10月発行号

シュタイナーの示す人間の心と精神「自由への旅」

大村祐子さんからのメッセージ「皆さま、お元気ですか？」……2

今月のトピックス
現代に生きるわたしたちの七つの課題（2）…………9

子どもの成長段階（Ⅲ）　7歳から9歳まで
「世界を愛する」…………28

シュタイナーによる人生の7年周期（3）　35歳から42歳まで
「精神的な生き方へ向かって」…………39

治癒教育とは
方向と目標を定めることはむずかしい？…………63

わたし自身を知るための6つのエクスサイズ（3）
「感情」のありかたを知る…………75

ペタゴジカル・ストーリー
「きょうだい喧嘩はやめましょうね」…………86

ホーム・ケア
「熱がでたとき、どうしましょう？」…………98

Q＆A…………103

読者のお便り…………109

編集室だより…………110

ひびきの村通信…………112

表紙・本文デザイン　山下知子
表紙カバー絵　中村トヨ
イラスト　御手洗仁美

大村祐子さんからのメッセージ

「皆さま、お元気ですか？」

皆さま、お元気ですか？　昨年の夏には暑いさかりに、岐阜や名古屋に伺《うかが》い、皆さまとお話させていただきました。皆さまとお目にかかれたことはとても嬉《うれ》しかったのですが、暑くて暑くて……。せっかく涼しい北海道に住んでいるのに、なぜ、わたしはわざわざ暑い地方に出かけたのだろう？　と改めて考えました。そして、来年からは夏の間は絶対北海道にいよう！　とその時、決心したのです。わたしの話を聞きたい、とおっしゃってくださる方のお気持を考えると、決心を押し通すことを本当に申し訳なく思いました。が、55歳という年齢に免《めん》じて、失礼させていただくことにしました。という訳で、この夏は、ずーっと北海道にいたのです。そして、全国からお出でくださる皆さまをお待ちしていました。

「ひびきの村」で企画しました夏のプログラムには、大勢の方々が参加してくださいました。さまざまなご事情の中で、遠い北海道までお出でいただきましたことを、心から感謝いたします。本当にありがとうございました。1歳の誕生日を迎えていない、乳飲み子をおんぶしてお出でくださったお母さんもいました。3人の子どもさんを連れてお出でくださったお母さんもいました。お父さんとお子さんとでお出でくださった方もいました。一家揃《そろ》って5人でお見えになった方もいました。どなたも、どなたも大切な休暇を利用して、沢山のお金を使ってお出でくださったのですね。皆さまのお心を思うと、どれほど感謝してもし切れるものではありません。

プログラムが続いている間は、皆さまとお目にかかることが楽しみで、毎朝目が覚めると、胸がわくわくしていました。そして、ご一緒に学ぶことが楽しくて楽しくてたまりませんでした。願うことはただ一つ、皆さまが必要なことを学ばれますように、そして、皆さまが必要な人と出会い、必要なことを聞き、話し、必要な体験をして帰られますように、毎日毎日、それだけを祈っていました。

「ひびきの村」にあるのは、ふみおばあちゃんからお借りしている農場と、古い牛舎の片隅を改造した幼稚園と、きれいに掃除した大きな納屋だけです。大勢の方々に集っていただける場所は、農場の片隅にある「こどもの園」の庭だけです。今までも、ワークショップは伊達市の公共の施設をお借りしていましたが、この夏はそれでも足りず、お隣の室蘭《むろらん》市と洞爺《とうや》町の施設までもお借りしました。お申し込みくださった皆さまには、その旨《むね》お断りのお手紙を出しましたが、わたしたちも随分悩んだのです。農場の納屋を教室にして、少ない数の方々と学ぶことがよいのか、それとも公共の施設をお借りして、大勢の方々にお出でいただくか……考えに考え、悩みに悩んだ末に決めました。

「ひびきの村」でプログラムを受けることを楽しみにしてお出でくださった方々は、さぞかしがっかりなさったことでしょう。本当にごめんなさい。それでも、殆《ほとん》どの方がキャンセルもせず、お出でくださいました。「正直がっかりしました。行くの止めようかな、って思ったんですよ。けど、『ひびきの村』のスタッフの方々が考えて決めたことなのだから、きっとそれが必要なのだろう、って思って来たんです」「わたしも『ひびきの村』の農場で受けられたらどんなにステキかしら、って残念に思っていたけど、参加者とゆっくり話ができたし、内容もよかったし、場所なんて問題じゃなかったんですね。良く分りました」「だったら、どこでも、こんなプログラムはできるんだ！」「そうですね、是非、皆さまの場所でおやりくださいな」……こんな会話が弾《はず》みました。はじめてお会いした方々と、こんな話ができるなんて、なんて嬉しいことでしょう！

サマープログラムは、「パートナーシップ」に始まり、「家庭でできるシュタイナー幼児教育Ⅰ、Ⅱ」「シュタイナーいずみの学校のキャンプ」「シュタイナー教育」「インナーワークと水彩」「芸術プログラム」と続きました。そうそう、その間にはシュタイナーいずみの学校の教師による、教師のための研修会も行われました。夏は「あっ」と言う間に過ぎてしまい、もう高く澄んだ空には秋の訪れを告げるうろこ雲が、一面に広がっています。いつのまにか萩《はぎ》の花が咲き、枯れて、今、野原一面にススキが花を咲かせています。

今、『ひびきの村』で……

わたしたちは通信講座第2期の6月号で、ご一緒にルドルフ・シュタイナーが示している「現代に生きるわたしたちの七つの課題」について学びました。1回では書ききれず、8月号に続きを書く予定でしたが、それができませんでした。なぜならわたしの前に、緊急かつ深刻な課題が次々とつきつけられ、わたしはその問題と向き合わずにはいられなかったからなのです。

子どもたちはこんなに困っている、こんなに苦しんでいる、悲しんでいる、そして絶望している……わたしはいったい、今まで何をしていたのだろう？　わたしがしてきたことは、子どもたちにぜんぜん届いていないじゃないか！　子どもたちの力になっていないじゃないか！　わたしは空《むな》しさと、悲しみとで胸がつぶれそうでした。わたしは、子どもたちが向き合っている凄《すさま》じい現実に打ちのめされてしまいました。彼らが陥《おちい》っているであろう絶望の淵《ふち》に、成すすべもなく立ちすくんでしまいました。1週間、彼らがさ迷っているであろう暗闇の中を、わたしもさ迷っていました。そこは寒くて、暗くて、音のない世界でした。彼らが一条の光りも射さない真っ暗闇の中にいるのだったら、わたしも彼らと共にそこに留まろうと思いました。

それでもわたしは考えました。「どうしたらいい？」「わたしになにができる？」「子どもたちはわたしにどうしろと言っているの？」……それまで、わたしはわたしにできるすべてのことをしてきたし、今もしていると思っていました。けれどその時、「あなたができることはもう一つあるわよ」という声が、わたしの胸の奥底から聞こえてきたのです。そう、残されたもう一つの仕事……それは、シュタイナー学校の教師を育てることでした。わたしはそれを知っていました。知ってはいましたが、今はできない、と思っていました。こんなに沢山の仕事をしながら、そんなことはできない。わたしの力に余ることだ、と考えていました。でも、もうそんなことを言ってはいられません。子どもたちが置かれている状況は、わたしにそんな甘えを許してはくれませんでした。だれもしないのだったら「わたしがするしかない」……わたしは「しよう」と決めました。

このままでは子どもたちが、彼らの人生を全うすることができない。彼らが携《たずさ》えてきた使命を果たすことができない……なんとしても彼らが、彼らの自身の力で、彼らの人生を意味のあるものにできるよう助けなければならない、そのための力を、彼らが獲得できるようわたしは助けなければならない……。「ひびきの村」のシュタイナー学校で、わたし自身が直接教えることのできる子どもの数が限られている以上、子どもたちを教え、導くことができる力のある教師を育てなければ……。それが今、わたしが彼らの問に応えることに違いない、そう確信したのです。

「ひびきの村」には「シュタイナー学校の教師になりたいのです。『ひびきの村』には教員養成のプログラムがありますか」という問い合わせが寄せられます。「いつか、そのためのスタッフが揃《そろ》ったら、わたしたちにその力が具《そな》えられたら……」と思いながら、これまで、東京のシュタイナー・ハウスで行われている教員養成講座や、海外にある養成機関を紹介してきました。「わたしが教師を育てるな

メッセージ ______

んてまだまだ先のこと。十分に経験を積んでから……」という気持もありました。でも、日本の子どもたちは、今わたしたちを必要としているのです。「子どもたちをいずみの学校にいつでも、すぐ受け入れることができるように、準備しておこう！」

『わたしが「する」と決めたらできる』……それは、いつもわたしが言っていることです。教師になることを約束されていると思われる人が、わたしの目の前に二人いました。一人ずつ話をしました。「わたしたちは求められているのよ。子どもたちの声が、あなたにも聞こえますか？」と、わたしは彼女たちに問いかけました。「聞こえます。でも、その声がわたしに向かって言われているのかどうか、確信がありません」と一人は答えました。もう一人は「シュタイナー学校で教えることは、わたしの長い間抱いていた夢でした。是非、教員の養成を受けたいと思います。そして、子どもたちを助けたいと思います」と言いました。そして二人は「シュタイナー学校の先生になろう」と決意しました。

こうして、「ひびきの村」の幼稚園、木曜日に行われている小学生のための芸術教室、いずみの学校、いずみの土曜学校の教師たちとアシスタントと、それに来年の4月からいずみの学校で教えようと決めた人が二人。合計15人と共に、講座が始められました。

この講座はあくまでも、わたしが個人で開くものであること、したがって、わたしの考えで行われること、必ず予習をしてくること、絶対に休まないこと（この講座で学んでいる間は、講座を受けることを最優先してください。授業を休まなければならないほど、この講座以上に大切なことがあるのなら、今はそれを大切にして受講を見合わせてください、とお願いしました）遅刻をしないこと、を約束してもらいました。約束は、わたしがまず守らなければならないことは、言うまでもありません。この約束事は、わたし自身に言いきかせるためのものでした。わたしが覚悟を決めるために、受講生と交《か》わしたとても厳しい約束事でした。

そして、週2回、夜7時から9時半の講座が始まりました。そして、シュタイナー学校の担任を目指す二人は、いずみの学校の各クラスで実習を始めました。「いきなり実習？」と驚かれましたが、来年の4月から担任をしてもらうためには、今すぐに実習を始めてもらうしかないと、考えたからなのです。実習しながら学ぶことがもっとも多くを、必要なことを学ぶことができ、また力がつくと確信したからです。

シュタイナーの思想を生きることで、わたしたちの生きる目標である「精神の進化」を遂げることができる、と確信を持っているわたしに、今できることは、シュタイナー教育を実践することです。そして、シュタイナー教育を受けた子どもたちが、やがて自らの使命を見つけ、使命を果たし、それによって「精神の進化」を遂げることができるよう、そのための力を獲得することができるよう、手助けすることです。

そのためにはシュタイナー学校を充実させなければなりません。シュタイナー教育を受けさせたいと希望する親御さんの子どもたちを、いつでも受け入れることができるよう、「シュタイナーいずみの学校」を充実させることだと、わたしは考えたのです。そう、心に決める時、わたしは皆さまのことを思っていました。高い志を持った皆さまのことを考えていました。そして「ひびきの村」で教員の養成講座が始められることを、皆さまがどんなに喜んでくださるだろう、と思いました。皆さまの存在が、どれほどわたしを支え、勇気づけてくださっていることか……皆さまはご存知ですか？

通信講座で毎号お願いしているアンケートに答えてくださるために、このブックレットを5回も読み直した、とおっしゃる皆さま。ご自分の生き方を真剣に考え始めた、と書いてくださる皆さま。子どもとちゃんと向き合うと決めました、と伝えてくださる皆さま。諦《あきら》めずにシュタイナー学校をいつ

メッセージ

か始めます、とお手紙をくださった皆さま。エクスサイズを続けています、と書いてくださった皆さま……なんと素晴らしい方々なのでしょう！　皆さまからのお便りを読んでいる時、「日本は確かに変わる、必ずよくなってゆく」という確信が、わたしの胸に生まれます。

2学期が始まりました。「学校が楽しくて楽しくてたまらない！」と、日本中の子どもたちが言える日が来るように励みます。どうぞ、お元気で静かな秋を心ゆくまで楽しまれますように。

追記

8月13日に孫が生まれました。大村野々香《ののか》といいます。汗びっしょりの真紀ちゃんと、ねじり鉢巻した一郎の手で沐浴《もくよく》させられている野々香ちゃんの写真が届きました。野々香ちゃんはとっても穏やかで、気持よさそうにお湯につかっています！　ああ、野々香ちゃんは、こんなにもお母さんとお父さんを信頼しているんだ、こんなにも安心してすべてを委《ゆだ》ねているんだ、と胸が熱くなりました。8月22日にはいずみの学校の低学年の担任、田中祥美さんの赤ちゃんが生まれました。お母さんの横でスヤスヤと眠る浩明くん、お母さんの腕の中で無心にお乳を吸う浩明くんもまた、すべての人を、全世界を信頼しているのですね。

生まれてきた赤ちゃん、これから生まれてくる赤ちゃん、そして、すべての子どもたちのために、彼らの信頼に応えうる日本に、世界にしなければ……と心新たにしています。そしてこの年になって「おばあちゃん」という新しい役割を頂いたことに、わたしは深く感動し、心から感謝しています。

スクーリングや講演会に、大きなお腹を抱えていらしてくださったお母さん方の所にも、赤ちゃんが生まれたでしょうか？　あの顔、この顔を思い浮かべています。新しい家族を迎え、どうぞお健《すこ》やかにお暮らしください。

今月のトピックス

現代に生きるわたしたちの七つの課題（2）

さて、わたしたちがこの豊かな物質文明の中で、「精神の進化」を遂《と》げるためにどんな生き方をしたらよいか……ルドルフ・シュタイナーは、「七つの悪」に向き合い、それを克服することで「精神の進化」を遂げることが可能になる、と示しました。シュタイナーが示す「七つの悪」を、わたしは敢《あ》えて「七つの課題」としました。それはこの「悪」と呼ばれるものが、時にはわたしたちにとって「力」になることもある、と考えるからなのです。けれどシュタイナーが「悪」と呼ぶには、その大きな意味があるはずです。今日はまず、そのことについて皆さまとご一緒に考えたいと思います。

皆さまは、「悪」はいったいどこにあるとお考えですか。今、三宅島では毎日のように噴火が続き、島で暮らすすべての方々が、島の外に避難されたと聞きました。そのご苦労はいかばかりでしょう。住みなれたご自宅を離れて、今どんなにか不自由をなさっておられることでしょう。いつ島に帰ることができるか分らない不安な心と向き合っていらっしゃることでしょう。両親と離れて暮らしている子どもたちはどれほど心細い思いをしていることでしょう。慰《なぐさ》めのことばも、励ましのことばもありません。ただただ祈り続けるだけです。皆さまがこの状況の中で、必要な体験をし、それが皆さまの「精神の進化」の力になりますようにと……。

わたしたちは、自然がわたしたちにもたらす困難を「こんな災害を被《こうむ》るなんて、なんて運が悪いんだろう!」「こんな災害をなんとかして防ぐことはできないだろうか?」と歎《なげ》き、不満を募《つの》らせます。わたしたちはこの力をわたしたちの生活を脅《おびや》かす「悪」と考えますが、このような自然界の活動、変化は本質的な「悪」なのでしょうか。いいえ、そうではありませんね。有珠《うす》山が噴火した時にも考えさせられましたが、自然の活動や変化はわたしたち人間の生活を脅《おびや》かし、時には破壊することがあります。が、自然界の中にある活動や変化は、わたしたち人間に働く法則によって起こるものであり、わたしたち人間が、その法則と共に生きる生き方をしていないために、その法則が働いて起きる現象が、わたしたちの生活を脅《おびや》かすことになるのです。

農作物が台風によって、時には日照りによって、またある時には長く降り続く雨によって大きなダメージを受けることがあります。台風も、日照りも、長雨も、自然界に働く法則のまま起きます。わたしたちは自然の恵みをいただくために、自然界に働く法則に「順じて」農業を営んでいます。自然の営みは……春が来て植物の芽が出、夏に花が咲き、秋に実がなり、冬には土の中で種が眠り、そして春には再び芽吹く……。その自然の営みに「順じて」、わたしたちも畑に種まきし、花を咲かせ、実を獲り、冬には種を眠らせ……という作業を、「わたしたちの手で」行います。その時、植物が芽吹き、花咲き、実を生《な》らせ、種を休息させるという自然の法則を、わたしたちは変えることはできません。わたしたちはビニールハウスで促成栽培し、真っ直ぐなきゅうりを作ることはできます。遺伝子組替えをして大量の大豆を一度に収穫することはできます。けれど、一定の温度と、水分と、養分を得ることによって植物が芽吹き、成長し、実を結ぶ、という法則をわたしたちは変えることはできません。わたしたちはすべてを法則に「順じて」、法則に従って行います。

また、わたしたちは山を崩し、川を堰《せ》き止め、海を埋《う》め立てて自然の持つ姿を変えることができます。けれど、雨が降って水分を含んだ土が、ある一定の重さや角度、方向によって崩れ、流れ落ちるという法則を曲げることはできません。わたしたちは大地を掘り起こし、石油を汲《く》み上げてそれを燃やし、便利な生活を手に入れるためにさまざまに利用しています。そして大気に排気ガスを、フロンガスを充満させています。そのために地球は温まり、気象や気候の変化が起きています。気象や気候の変化も自然の法則によって起きていることです。わたしたちは自然の法則に逆らうことができません。そして時にはこのように、法則のままに在り、活動し、変化する自然の営みによって、わたしたちの生活が破壊されることがあります。が、しかし、わたしたちはその自然を「悪」であると言うことができるでしょうか？　できませんね。自然はただただ、法則のままに在るのですから……。

　地球には実に多くの動物が棲《す》んでいます。彼らは本能のままに生きています。わたしたちはわたしたちの都合で獣《けもの》を獲《と》り、鳥を虫を殺して自然の生態を壊《こわ》してきました。わたしたちの勝手な行為によって動物の生態系は乱れてしまいました。そして今、わたしたちが破壊した自然の中で暮らす動物によってわたしたちの生活は脅《おびや》かされ、危害を加えられ、ダメージを与えられ、時には生命を奪われることがあります。その原因は、わたしたちがそのような生き方をしていることに依《よ》るのです。動物は自然の中で法則のまま生きています。動物の行為は、すべてが彼らの内にある本能の働きによるものであり、その本能は彼らの生命を守るために働いている力なのです。それをわたしたちは「悪」であると考えることはできません。つまり、自然の中に「悪」はないのです。では、いったい「悪」はどこにあるのでしょうか？　シュタイナーは「悪」は精神の世界にある、と言います。

　わたしは人を羨《うらや》む心を持っています。わたしが持つことを許されない素晴らしい才能を持っているその人を羨む心が彼を、彼女を貶《おとし》めることばとして、わたしの内から出てくることがあります。わたしは人智学を生きようと決めています。時に異なる思想を持って生きている人にそれを非難、誹謗《ひぼう》されることがあります。動物は自分の生命を守るために、どうしても必要な食物を手に入れるために他の動物を襲《おそ》います。その行為は自分の生命を守るためです。けれど、人間は傷つけられた名誉を守るために、それだけの理由で人を殺すことができます。自分の働いた悪事を隠しておくために、人に手をかけます。美しいもの、きらびやかなもの、便利なものを手に入れるために、人を騙《だま》し、陥《おとし》れることもあります。わたしたちにこのようなことをさせる力は本能ではありません。生命を守るためにするのではありません。

シュタイナーは、「これらの『悪』の力は精神の世界から、わたしたちに働きかけるのだ」と言います。精神の世界に在る「悪」の力がわたしたちの身体に、心に、精神に働きかけるために、わたしたちは「悪」を行うのだと、言うのです。そしてさらに、シュタイナーは、「この精神の世界に在る『悪』の力は、人間のエゴイズムとして働く」と言っています。

嫉妬して人を貶《おとし》めることも、欲しいものを手に入れるために人を傷つけることも、自分の信念に従わせようとして人を言い負かすことも、自分の思いどおりに動かそうとして人を脅《おびや》かすことも、持っているものを失わないために嘘《うそ》を重ねることも、すべては「自分を最優先する」という、わたしたちが持っているエゴイズムがさせることです。そして、シュタイナーは「『悪』は人間のエゴイズムの中にある」と言うのです。6月号で、皆さまとご一緒に考えた「悪」、「現代に生きるわたしたちの七つの課題（悪）」とは、実はわたしたちの内に持っているエゴイズムだったのですね。

さて、わたしがシュタイナーが「悪」と呼んでいるその力を、敢《あ》えて「課題」とした理由は……「悪」の持つ二面性、つまり……バランスを崩す時に「悪」の力として働き、バランスを保つ時には「善」の力として働く……ことを考えたためでした。「悪」は一面化されたひとつの力であって、それがバランスが取れた時には、「善」となる……と考えたからなのです。どんな場合においても、どう考えても、「悪」が未来永劫《みらいえいごう》「悪」のままでいることはないように思われたからなのです。細かいことに目くじらを立てると嫌がられる人が、時を得ると、配慮の行き届いている人だと感謝されることがあります。だらしがない人だと非難される人が、おおらかで良い感じ！　と好感を持たれることがあります。依頼心が強いと言って敬遠される人が、可愛気《かわいげ》のある人だと言って庇《かば》われることがあります。また反対に、親切な行いも度を過ぎるとお節介になります。真摯《しんし》な態度も時には堅苦《かたくる》しいと敬遠されます。時には正義も権力と化すことがあります。きれい好きな人が神経質だと嫌がられることもあります。折り目正しい人が融通《ゆうずう》がきかない人と呼ばれることもあります。このように絶対的な「悪」も、絶対的な「善」もないのですね。

昨年に引き続いて、皆さまとご一緒に『シュタイナー教育に学ぶ』この講座を続けることができると分った時、わたしはシュタイナーが行った講演「現代に生きるわたしたちの七つの悪」について、是非、皆さまとご一緒に学びたいと考えました。けれど、タイトルをそのまま「悪」とすることに躊《ため》躇《ら》いがありました。その理由は、「悪」ということばが持つ響きが、皆さまに強い衝撃を与えるのではないかと考えたからでした。ブックレットの表紙に「悪」という文字が書かれ、たくさんの人の目に触れることを恐れました。美しいことば、美しい絵、美しい色、美しい形こそが、わたしたちを「善」へ、真理へと誘う、とわたしは考えるからです。でも、わたしたちの内に「悪」の力が働いていることもまた、事実です。それはだれでもが知っています。そして、わたしたちは日々わたしたちの内にある「悪」と闘っています。

それでもわたしは敢《あ》えて「悪」とせず、「課題」とすることを決めました。つまり、「『悪』の力を『善』と変える『課題』」として捉《と》えたいと考えたのです。わたしはこのことをずーっと考え続けました。そして、今、改めて思うことは、わたしの考えはなんと浅はかで、表面的で、即物的であったか、ということです。そして、シュタイナーが深く洞察した上で、わたしたちに「わたしたちの内にある『悪』」として示したにもかかわらず、わたしは自分の考えで『課題』と変えたことを、つくづくわたしの認識の足りなさのためであったと思うのです。

わたしはいつでもこんなふうに、考え、迷い、また考え続けています。そして、結論はいつでも、「これでよい」「こうでなければならない」「こうあるべきだ」ということはないのだ、ということなのです。わたしの内ではいつでも、「これもある」「あれもある」「こうでもよい」ということが錯綜《さくそう》しています。すっかり皆さまを混乱させてしまいましたね。ごめんなさい。けれど、これがわたしの今の在り方なのです。わたしはそれを正直にお伝えするしかありません。

「悪の背景にある真の力は、人間を精神的な世界と、精神的な生活に導こうとする。わたしたちは『悪』の力によって共感と反感を乗り越え、精神的な世界を認識することができるのだ」という、シュタイナーのことばに導かれて、勇気を振り絞《しぼ》って前へ進みたいと思います。

6月号の続きを書きます。ご一緒に考えてくださいますか？

5　グループの中で生きること

ルドルフ・シュタイナーはこの考えを、「血による救済願望」という、とても強いことばで表現しています。

人はだれでも父親と母親の間に生まれます。その両親にそれぞれ両親（祖父母）がいて、その両親にまた両親（曾祖父母《そうそふぼ》）がいて……。人は成長し、結婚して子どもを持ちます。その子どもたちも成長し、結婚して子ども（孫）を持ちます。孫もやがて成長し、結婚して子ども（曾孫《ひまご》）を持ちます……。人には同じ両親から生まれた兄弟姉妹がいます。そしてやがてその兄弟姉妹が成長し、結婚し、子ども（姪甥《めいおい》）が生まれます。やがて彼らも、成長し、結婚し、子どもが生まれます……。これらのもっとも血のつながりの濃い関係をわたしたちは家族と呼びます。

わたしたちは家族と共に暮らし、家族に愛され、家族に育てられて成長します。やがてわたしたちは自分自身の家族を持ち、家族を愛し、家族を育てます。こうした家族の結び付きは他のどんな関わりより強く、わたしたちは家族を救うためなら、自分の持てるすべてを投げだすこともできます。家族を守るためなら自分の生命を落とすことさえ厭《いと》いません。家族は黙っていてもわたしの気持を分ってくれます。家庭の中では家族にどう思われるかということを気にせずに、自由に振る舞えます。なにを言っても咎《とが》められず、責任をとらされることもありません。間違いをおかしても許されます。家族にはいつでも気を許し、安心して一緒にいられます。気を使うこともないので、疲れません。家族は世界中で最も気がおけない人たちです。最も身近で、わたしを理解してくれている人という安心感につつまれているからなのです。

一方で、人に向かっては言えない烈《はげ》しいことばを、家族に向かって吐《は》きます。人には決してしない卑劣《ひれつ》なことを家族に対してはすることがあります。人に対してとらない無礼な態度をとります。家族と交わした約束は平気で破りもします。労《いた》わりも、思いやりも、優しさも、家族だから示す必要はないと考えます。これもすべて、家族はもっとも近い存在であるがためなのです。

わたしたちは自分の名誉を守るためになら犯さない不正を、愛する家族のために犯すことがあります。自分が飢《う》えに耐《た》えることはできても、家族が飢える姿を見ていられず、家族を思うあまりに盗みを働くことがあります。自分の怒りは抑《おさ》えられても、家族がないがしろにされる怒りは抑えられず、人を傷つけることがあります。家族の望まないことは、自分にとってどれほど必要であっても我慢します。どれほど嫌なことも、家族が望むことなら目を瞑《つむ》ってしまいます。自分が心の底から卑《いや》しむことも、家族が喜ぶのなら、と妥協します。どれもこれも、家族は自分以上に大切、という思いがさせることなのです。

このように、人は家族という血のつながりに守られ、祝福され、保証されています。けれどもまた、それゆえに家族に縛《しば》られ、操《あやつ》られ、振りまわされ、踏《ふ》みにじられ、貶《おとし》められることがあります。

キリストは「わたしのもとに来る人は、だれでも父母を捨ててきなさい」と言いました。キリストの真意は、父母をないがしろにしなさいということではありません。父母を忘れなさいということでもありません。ましてや父母と対立しなさいということでもありません。彼の真意は、血のつながりに依《よ》るのではない、新しい人間関係をつくりなさい、ということなのです。

血のつながりによる凭《もた》れ合い、馴《な》れ合い、甘え合いがどれほど、わたしたちの人間としての尊厳を損《そこ》なっていることか……。親による子どもに対する虐待《ぎゃくたい》、夫による妻への暴力、子どもによる家族への暴力も、「子どもだから、妻だから、ささいなことも許せない、許さない」「親だからこのくらいの暴力は許されるだろう」「夫だからなにをしてもいい」「子どもだから、親はこのくらいのことは許してくれるだろう」という甘えと馴《な》れ合いがさせることは、どれもこれも家族だからこそ起きることなのです。

このような関係は、村、町、役所、会社にも、どんな組織にも働きます。職場で部下の起こした不祥事を隠蔽《いんぺい》し、かつ自分の身の安全を計ろうとすることも、血のつながり、つまり身内を庇《かば》う考え方によるものです。わたしたちの暮らす社会のどこにでも見られます。中学生が同級生に苛《いじ》められて自殺した時、校長は担任と共に力を尽くして、ことの真相を究明しようとはしませんでした。自らの不手際《ふてぎわ》で青年がむざむざと殺されたことに対して、警察は真実を究明しようとはしませんでした。それに関わったすべての者が誠意を以ってご両親に謝罪することをしませんでした。公共事業を請け負うための談合、自らが与《くみ》する党に事を有利に運ぶためにされる申し合わせ、雪印乳業の関連会社の不手際も、三菱自動車のリコール隠しも、すべてが身内が可愛い、身内どうしによる馴《な》れ合い、庇《かば》いあい、凭《もた》れ合いから起きたことです。

それは外にばかりあるものではありません。「ひびきの村」にもあります。「シュタイナーいずみの学校」の中にもあります。わたしの家庭の中にも、わたし自身の内にもあります。「仲間だから、言わなくても分ってくれるだろう」「少しくらい遅れても、いつも仕事を一緒にしている同僚だから許してくれるだろう」「パートナーだから、いちいちお礼を言わなくてもいいじゃない」「親なんだから、子どもにこれくらいのことをしてくれて当たり前」……甘え合い、スポイルし合って互いに互いの人間としての尊厳《そんげん》を見失うことがあります。

部族間の争い、民族と民族の抗争、国と国の対立……すべてが身内をかばい、身内の利益を守り、身内の平和だけを願う、血による、血のための戦いなのです。

キリストのことばは、血がつながっているから助ける、赤の他人だから見殺しにする。家族だから目をつむる、部外者だから厳しい態度でのぞむ。家族のためには手を汚す、仲間ではないから便宜《べんぎ》を計らない、同じ学校の卒業生だから大目に見る……という生き方を止めるように、と示しているのです。勿論《もちろん》、両親を、祖父母を、兄弟姉妹を、叔父叔母を大切にすることは必要です。でも、時には家族が、家族の愛が、わたしたちの自由を奪うことがあります。わたしたちが自由に考え、自由に感じ、自由に行動することを阻《はば》むことがあります。

先般の、衆議院議員の選挙を見ていても、日本ではいまだに血のつながりによる関係が、わたしたちを強く束縛《そくばく》しているのだなあ、と大きな溜息《ためいき》が出ました。亡くなられた元総理、小渕恵三氏の次女である小渕優子氏が父親の地盤を継《つ》いで立候補しました。後援会の人々の強い要請によるものだと伝えられています。彼らの強い力添えによって彼女は当選し、衆議院議員になりました。政治家になることが、彼女の本当の望みだったのでしょうか。政治家になることが彼女の使命だったのでしょうか。後援会の人たちに言われるままに人に会い、笑顔を作り、握手をし、手を振り、話をしている彼女を見ていて、ご自分を見つけ、ご自分自身を生きられたら良いのに……と、多くの人がきっと思ったことでしょう。インタビューを避《さ》け、選挙前も、選挙中も、そして当選した後も、国会に出席していても、彼女はとうとう一言も自分のことばで語ることがありませんでした。若くて、女性の議員が誕生したことは真に喜ばしいことです。彼女が1日も早く、血のつながりから解き放たれて、自由に考え、自由に感じ、自由に話し、行動する日がくることを、心から祈っています。

血のつながりの中で生きる時、人は自分を生きられないことが多いのですね。自我を強く持ち、自分の使命を悟《さと》り、その使命を果たすためにも、血のつながりを一度は断たなければなりません。

親であるわたしたちが子どもを自分の思い通りにさせよう、思い通りに育てたい、と考えるのも、この血による結びつきを安易に考えている表れでしょう。思い通りの学校に入れ、思い通りの仕事に就《つ》かせ、思い通りの人と結婚させる……子どもが持つ運命を思うことなく、子どもが持つ使命を考えることなく、親が自分の思い通りの人生を子どもに歩ませようとすることは、一人ひとりが強い自我をもって生きる、一人ひとりが自分の心で感じ、自分の頭で考え、自分の手足を使って行為する……ことを目指す、わたしたちの生き方を妨げるものです。

こうした物理的なつながりだけではありません。思想、学問、宗教、文化によっても、わたしたちは他を退け、他から目を背《そむ》け、同胞《どうほう》だけを大切に、仲間とだけ関わる生き方をしていることがあります。わたしたちもルドルフ・シュタイナーの思想を是《ぜ》とし、それを生きようとしています。そのわたしたちが異なる思想を持つがゆえに阻《はば》まれることがあります。ないがしろにされることがあります。怪しまれることがあります。わたしたち自身もわたしたちと異なる思想を遠ざけることをしない、と強く心に留めなければなりません。ともすると、その危うさを自分の内にも、仲間の内にも見ることがあるのです。

キリストは人類に自我をもたらしました。それは、わたしたちが互いに愛し合うことができるようになるためでした。なぜなら、強い自我を持ってこそ、他者を認識することができ、そしてその他者を愛することができるのです。自分の内にある、「自分と同じように考えている家族、自分と同じように感じている家族、一心同体と信じている家族」という思いから、自らを解き放たなければなりません。そして、血のつながりという重い足かせをはずして、すべての人と、一人の人間として向き合い、愛し合い、敬《うやま》い合い、慈《いつく》しみ合うことができるようになることが、この地球上に共に生きるわたしたちが今果たさなければならないことなのです。

どうぞ、あなたの内にある「血のつながり」を考えてください。

6　新約聖書を唯物的に理解すること

聖書に書かれている内容が歴史上の事実と異なると指摘し、だから聖書に書かれていることはでたらめだと主張する聖職者がいます。聖書に書かれているキリストのことばはでたらめだ、と決めつけている神学者がいます。キリストが十字架の上で最後に言ったことば「神よ、なぜわたしをお見捨てになるのですか……」ということばを指して、キリストはただの弱い人間だったと言い張る人がいます。彼らは聖書に書かれていることのすべてを、物質的に捉《とら》え、即物的に解釈しているのです。けれど、ルドルフ・シュタイナーは、聖書に書かれていることば一つひとつに意味を見出しなさい、と言っています。一言ひとことをそのまま正しく受け取ることが大切だといっています。

聖書は精神の力で書かれたものであることを忘れてはならないと思います。もし、聖書を物質的な視点から理解しようとしたなら、キリストが行った数々の奇跡はまやかしであるとしか考えられないでしょう。聖書に書かれていることを、そのまま理解するということは、精神の力で書かれた一言ひとことを、精神の力で受け取り、理解するということです。たとえば、シュタイナーは「ヨハネ福音書講義」(『シュタイナー　ヨハネ福音書講義』高橋巌訳・春秋社刊)の中で、次のように述べています。皆さまにとって聖書は親しみのあるものでしょうか。ヨハネ福音書の一節にこうあります。

……さて、イエスが行ってごらんになると、ラザロはすでに四日間も墓の中に置かれていた。(中略)人々は石を取りのけた。するとイエスは目を天に向けて言われた。「父よ、わたしの願いをお聞きくださったことを感謝します。あなたがいつでもわたしの願いを聞き入れてくださることを、よく知っています。しかし、こう申しますのは、そばに立っている人々に、あなたがわたしをつかわされたことを、信じさせるためであります」。こう言いながら、大声で「ラザロよ、出てきなさい」と呼ばわれた。すると、死人は手足を布でまかれ、顔も顔おおいで包まれたまま、出てきた。イエスは人々に言われた、「彼をほどいてやって、帰らせなさい」(後略)

シュタイナーは、ラザロが肉体を離れて精神界に行き、また戻って来たことで、精神界についての証人になることができた、と言います。そしてまた、ヨハネ福音書の中の「主はラザロを愛しておられた」ということばが非常に重要であると指摘しています。なぜなら、精神科学において「愛する」とは、師と弟子との特別な関係を示しているからだ、と言うのです。「主に愛された」のは、キリストからもっとも信頼され、もっとも深く導かれた弟子だという意味である、とシュタイナーは示しています。これだけの説明では、お分りにならないかもしれませんね。シュタイナーはこの後、ラザロこそが「ヨハネ福音書」を記した者である、と書き続けているのですが……。

興味を持たれた方は、『シュタイナー　ヨハネ福音書講義』を是非、お読みください。日常生活の中では聞くことのない、耳慣れない精神科学で使われることばを使わずに今ここで説明することは、わたしの力では難しく、もどかしさを感じています。

シュタイナーが「現代に生きるわたしたちの七つの課題（悪）」の一つに「新約聖書を唯物的に理解すること」を挙《あ》げた理由は、……精神の力によって得られた洞察《どうさつ》を、唯物《ゆいぶつ》的に理解しようとしたのでは、わたしたちはそれに託《たく》されたメッセージを受け取ることができない。そして、「精神の進化」を遂《と》げようとしているわたしたちは、福音書に込められた力を受け取ることはできない。福音書の中に在る真理こそが、わたしたちが「精神の進化」を遂げるために必要なのである……ということなのだとわたしは理解しています。

ルドルフ・シュタイナーが示していることは、「キリスト教」すなわち、キリストの教えではありません。彼は、全人類の進化にとって、キリストがどのような存在であったか、ということを示しています。……キリストはこの地球期に生きるわたしたち人間に「自我」をもたらしました。「自我」の力によって、わたしたちは他者を愛することができるようになりました。それは、「自我」によって真に自己を認識することができるようになったためなのです。わたしたちはそれをわたしたちの「精神の進化」のため、すなわちわたしたちの生きる目的を果たすために行うのです。ここで詳しく書くことはできませんが、いつか、ルドルフ・シュタイナーが示す「キリスト存在の意味」について、皆さまとご一緒に深く学びたいと考えています。今ここでは、シュタイナーが洞察した「キリスト存在の意味」を認識し、その認識をわたしたちの力として生きることと、「キリスト教」に帰依《きえ》して生きることとは全く違うということを、お分かりいただけたら、と思います。

7 予言や占いを信じること

今、大きな書店には、精神世界について書かれた書籍を並べたコーナーがあります。そして、人間の心や精神について書かれたさまざまな本が並んでいます。精神世界を扱った雑誌もたくさん出版されています。シュタイナーの本も増えました。人がこれほど強く自らの精神性に関心を持ち、精神性を高めたいと考え始めたのはこの15年くらいのことでしょうか。それは1986年に『アウト・オン・ア・リム』が出版された頃からだったような気がします。アメリカの女優、シャーリー・マクレーンが精神世界に向けて自らが旅をした、その足跡を記した本が出版されました。その頃のことを感慨深く思い出しておられる方もきっと多くいらっしゃることでしょう。なぜならそれ以前には、殆《ほとん》どの書店に精神世界について書かれた書籍のコーナーは殆《ほとん》ど見られませんでしたから……。

近年、実に多くの人が「人は精神の進化を遂げるためにこそ生まれてきた」ということを、実感されているように思います。事実、わたしがこのブックレットを通して、「精神の進化を遂げる」ことについて、皆さまとご一緒に考える機会を与えていただいたことも、その表れだと思います。……子どもに学力がつくことだけを求めることは、真の教育ではない、という皆さまの考え方、子どもが成長することとは、身体と心と精神が共に成長することであり、真の教育とはそれを助けることであるとする皆さまの考え方、そして日々の生活の中でそれを実践しようと真摯《しんし》に学ばれる皆さまの姿……これこそが、人類が「精神の進化を遂げる」ための道を間違いなく歩んでいる、とわたしに確信させるものなのです。

それは大変喜ばしいことです。けれど、その半面、多くの人が自らの精神に向き合う姿勢が非常に表面的、物質的であることも目につきます。精神の進化を遂げようとするその方法が安易で、安直であることも懸念《けねん》されるのです。精神世界の認識を、肉体の目で見える、耳で聞こえる、手で触れることができるようになることを、精神性を獲得したこと、精神性が高まったことだと考える人がいるのです。多くのカルト集団はその典型的な在り方をしていますね。宗祖《しゅうそ》が瞑想《めいそう》をしている間に床から離脱した、ということだけに心を奪われて、その宗祖の説く教えを真の教えだと信じて帰依《きえ》してしまう。そして、宗祖の命《めい》を天の声と信じて、殺人を犯すことをも辞さない、という信徒がいます。また、手をかざすだけで病んでいた身体を癒《いや》すことができる。また、足の裏を見て診断する、そしてどんな病気も治すことができる……そんな力のある人を宗祖として崇《あが》め、その人が発することばをすべて真理だと思いこみ、全財産をも投げ打ってその人に帰依《きえ》する。……その人を宗祖として終生《しゅうせい》ついてゆく。

　精神性を高めようと努める時、わたしたちは物質的な利益を求めることはできません。わたしたちの精神性が高まれば、わたしたちは身体の内に働いている法則をより強く認識することができるようになるでしょう。そして、それに伴って身体のバランスがより良くなり、健康になることがあるかもしれません。精神性が高まれば、わたしたちは毎日心穏やかに暮らすことができるでしょう。そして、不必要なことをしなくなり、物質的に多少豊かになることがあるかもしれません。日々、精神の進化を遂げるための努力を続けていれば、わたしたちは自分自身より他者を愛す生き方ができるようになり、愛深い人になれるでしょう。けれど、それもこれも健康になるためではありません。ましてや物質的に豊かになるためではないのです。

　むしろ、精神性が高まると、自分の内にある悪に向き合うことが多くなり、わたしたちはそれを困難と感じることもあります。「強い光に照らされれば照らされるほど、影も濃くなるのよ」……わたしがルドルフ・シュタイナー・カレッジで働いていた時、キャンパスに多くの思いが渦巻《うずま》いていた時がありました。「わたしたちは人智学を学び、それを生きようとしているのに、どうしてこうもいがみ合ったり、傷つけあったり、中傷しあうのでしょうねえ。シュタイナーの思想を生きている人たちが集っている所は、そんなことが少ないと思っていたのに……」と歎《なげ》くわたしに、そう話してくれた人がいました。わたしたちは光に照らされた時、自分自身の後ろにできる影を見ることができません。自分の影を見ないかわりに、人の影は見ることができます。そして、わたしたちは往々《おうおう》にしてそれを歎《なげ》き、憂《うれ》い、時には謗《そし》り、責め、批判します。ですから、わたしたちが精神の進化を遂げようとする道を歩んでいるからといって、そしてわずかに精神性を高めることができたからといって、世間で言う「良い人」になることができない場合もあるのです。「穏やかな人」「冷静な人」「知的な人」「徳のある人」「立派な人」になれるとも限りません。ましてや、精神の進化を遂げることによって、物質的に豊かになることは殆《ほとん》ど期待することはできないのです。

　ですから、「見える」「聞こえる」と言って、人を導くためにそれを利用することは決してしてはいけないことなのです。そして、人々を安易な方法で、「見える」「聞こえる」ように導くことも、してはならないのです。そして、もっとも大切なことは、わたしたちが安易に「見える」こと「聞こえる」ことを望まないことです。

　ルドルフ・シュタイナーは精神性を高めるための「行《ぎょう》」を、わたしたちに示してくれました。彼の著書、『いかにして超感覚的世界の認識を獲得するか』（高橋嚴訳）にはさまざまな「行」について書かれてあります。けれど、それは安易に「見える」「聞こえる」ことを目的としているのではありません。物質に働いている物質をかく在らしめている力、目にも見えず、耳にも聞こえず、手で触ることもできない精神の力、つまり、わたしたちの身体に具《そな》えられている感覚を越えた、超感覚の力を獲得するためにする「行」です。わたしたちはその力を得る過程においてその力を得ることができ、「精神の進化」を遂げることができます。

　それが、その「行」の目的です。ルドルフ・シュタイナー・カレッジの「ゲーテの自然科学」のプログラムの授業の中で、シュタイナーの深い洞察によって示された「行」をすることがありました。そのひとつに「種《たね》の観察」があります。種を目の前に置いて、その形、色など、さまざまな特徴を熟視し、その後で思考作業を行うというものでした。その過程で……不可視的なものに、感情と思考のすべてを集中すると、その不可視的なものは、目に見える植物にまで変化して、種から可視化されて生じたその植物の色や形を見ることができる（同書より）……という「行」です。この「行」を、クラスですると、教室のあちこちから、「あっ、見えた！」「可愛らしい小さなピンク色の花が見えたわ」「うん、あまい香りがする」などという声が挙《あ》がったものでした。「一朝一夕では到達できないと思われるのに、すぐその気になる人の良いアメリカ人気質が言わせているのかしら？」と思いながら、わたしは首をすくめて先生の反応を窺《うかが》ったものです。（でも、これもわたしの先入観です。彼らはすでに多くの修行を積んできた人たちで、本当に見えたのかもしれません）

今、わたしたちは精神の世界に目を向け、わたしたちの内で働いている精神の力を認識しようとしています。繰《く》り返しますが、それは決して未来のわたしの姿が見えたり、未来のあなたの周りで起こる出来事を見るためではありません。それを知って諸々の準備を怠《おこた》りなくしたり、うまく立ちまわったり、お金儲けをするためではありません。わたしたちが精神の働きを認識する力を得ようとするのは、たったひとつの目的、「精神の進化」のためです。

未来を予見したいために、或いは素晴らしい芸術作品を生み出すためにドラッグを使い、陶酔《とうすい》状態の中でインスピレーションを得ようとする人がいます。星占い、手相、その他さまざまな手段を講じて、感覚では知覚できないことを知ろうとする人がいます。瞑想《めいそう》やヨガによって簡単に精神の世界に至れると思いこんでいる人もいます。勿論《もちろん》、世の中にはそういう人もいるでしょう。けれど、わたしたちはそのようなことに頼るのではなく、明晰《めいせき》な思考によって、たしかな訓練によって精神の働きを認識しなければなりません。ルドルフ・シュタイナーは繰《く》り返し繰り返しこう言って、わたしたちを諫《いさ》めています。
『行』によって得た認識を個人的な利益のために利用しようなどと、決して考えてはいけない。『真理』に向かってあなたの認識を一歩進めようとするなら、同時に『善』に向けてのあなたの性格を三歩進めなければならない」（同書より）

　精神性を高め、精神の進化を遂げるために、安易で、興味本位な態度を捨て、地に足のついた、着実で確かな道を歩みましょう。決して精神の働きを目で見、耳で聞こえ、手で触れることを望まないようにしましょう。それを望むこと、それを安易な方法で手に入れようとすること、そしてその安易な方法で人を導こうとすることを、シュタイナーは「悪」と呼んでいます。

　２回にわたって、わたしたちは「悪」について考えてきました。わたしが今改めて思うことは、「世界の至る所で見られるどのような「悪」も、わたしの内にある」、そして、「どんな人の内にも『悪』はあるのだ」ということです。今わたしの目の前で行われている「悪」も、世界の果てで行われている「悪」も、すべてがわたしの内の「悪」とつながりを持っているのです。わたしがしたわけではないから……と言って、17歳の少年が犯した「悪」に、わたしは目を瞑《つむ》ることはできません。ちっとも知らなかったわ……と言って、雪印乳業が犯した多くの「悪」に、わたしは背を向けることはできません。わたしは関係ないもの……と言って、車で人を轢《ひ》き、そのまま置き去りにして逃げた若者を押しやることはできません。どれもこれもすべての「悪」を、わたしはわたしの内に持っているのです。

　この事実を認識することができるようになって、本当に良かったと思います。わたしは若い頃、わたしこそは正義の味方だと思いこんでいました。そして、不正義を行う人を断罪《だんざい》しました。わたしは自分を正直者だと信じこんでいました。そして嘘《うそ》を言う人を責めたてていました。わたしは誠実な人間だと確信していました。だから不誠実な人を徹底的に嫌いました。どうしてわたしはわたしの内にある「悪」を見ることができなかったのでしょう？　わたしが抱えている「悪」に知らない振りができたのでしょう？……思い当たることは、わたしは「悪」を秘めている人間であってはいけない、と言われ続けたから。そして、「悪」を持っていたら、だれにも愛してもらえないと恐れていたから。わたしが「悪」を行ったことが知れたら、裁《さば》かれると怯《おび》えていたから……。

わたしの内に「悪」の力が働き、わたしは「悪」を行う、ということを知った時、それを認めた時、わたしはなんと自由になったことでしょう。わたしの「自由への旅」はその時から始まりました。

6月号と今号で、皆さまとご一緒に「現代に生きるわたしたちの七つの課題（悪）」を考えました。世界中で行われている「悪」は、すべてがわたしたちの内にあるということ。わたしたちが今目にしている、世界中で行われている「悪」は、すべてがわたしたちの内にある「悪」が映し出されているということ。だから、わたしたちは「悪」を行っている人を責めることはできないということ。だからこそ、わたしたちはわたしたちの内にある「悪」から目を逸《そ》らさず、しっかり見つめて生きてゆかなければならないということ。それによって、世の中の「悪」はわたしたちが今在る所から無くなってゆくであろう、ということ……を理解しました。

世の中で行われている「悪」を、他人事だと思ってわたしが無関心でいる時こそ、「悪」ははびこります。「悪」はわたしたちが暗い意識で生きている隙《すき》を狙《ねら》って力を振るいます。「悪」は、わたしが目を逸《そ》らす時、そこに生まれるのです。

子どもの成長段階Ⅲ

7歳から9歳まで
「世界を愛する」

学校に行き始めた子どもたちは、
先生に誘われ、世界と出会ってゆきます。
「心」が育ち、「感情」が生まれ、全身で感動します。
シュタイナー学校の子どもたちの様子を、
ちょっぴり覗《のぞ》いてみましょうか。

わたしたちの子どもは成長して、とうとう乳歯が1本抜け、2本抜け、豆粒のような小さな歯に代わって、大きくてしっかりした永久歯が生えてきました。子どもたちは生まれてから今まで、お母さんの胎内《たいない》にいる間にお母さんから貰《もら》ったたくさんの力を使って生き、成長してきました。けれど、これからは自分の力で、自分の外にある力をとり入れ、それを自分の力として成長し、そして生きてゆくのです。

皆さまのお子さんは、何本歯が生え替わりましたか。2本ですか、3本ですか。「お隣のよし子ちゃんとうちの子は6ヶ月しか違わないのに、よし子ちゃんの歯は殆《ほと》んど生え替わっているんですよ。うちの子はまだ2本だけ。どうしたんでしょうねえ」……心配なさらないでくださいな。わたしの知り合いのお子さんは、2年生の1学期が終わるまで、乳歯をしっかり大事に持っていましたよ。そして、夏休みが終わる頃になって、ようやく一本だけ永久歯に生え替わったのです。成長の度合いは子どもによって違います。どの子どもも、その子特有の成長のペースを持っているのです。早い子どもは5歳の後半くらいから、そして大多数の子どもは6歳頃から前の下の歯が抜けますね。

皆さまは、ご自身の乳歯が抜けた時のことを覚えていらっしゃいますか。……口の中に、何かぐらぐら動いているものがある。舌の先でさぐってみると、どうも歯のようだ。歯がぐらぐらと動いているんだ!……びっくりしましたねえ。それまで口の中に歯があることさえ強く意識していなかった（と思います）わたしは、ほんとうにびっくりしました。どの子どもにとっても、歯がぐらぐら動き始めることは、大きな驚きであり、衝撃であることでしょう。そして、ぐらぐら動いていた歯がある日、すっぽりと抜け、知らない間にまたそこに歯が生えてくる、という体験も、子どもにとっては実に大きなできごとだと思われます。

50年ちかくもの遠いできごとですのに、歯がぐらぐら動き出したその時の奇妙な気持を、わたしは今でも思い出すことができるのですよ。動く歯が気になって気になって、その歯を指で始終触っていたことも覚えています。そしてある日、口の中に生ぬるい感触があり、触ってみると指に血がついて、とうとう歯は歯茎《はぐき》からぽろりと抜けました! その瞬間、舌で確かめたからっぽの歯茎の感触を、わたしは今でも思い出します。それほどわたしにとって、歯が抜けるということは大きなできごとでした。あなたにとってもそうでしたか? きっと、どの子にとっても大きなできごとなのでしょうね。父が屋根の上にほおり投げてくれた抜けた歯を、「惜《お》しいなあ」と思いながらも、わたしは得意な気持になっていたことを思い出します。妹が羨《うらや》ましそうに見ていましたっけ。

人は知っているのですね。歯が生え替わる頃に、子どもの内で学ぶ用意ができるということを……。今、世界中の子どもたちが6歳から7歳になる頃に学校に行き始めます。それはどうしてなのでしょう。人は、なぜ、歯が生え替わる頃に、子どもたちは学ぶ用意ができたと考えるのでしょうか。そのことが分かったら、わたしたちは小学校に入学した子どもたちがどのような存在であるのか、どのような状態であるのか、そして、その子どもたちがどのようなことを学び、どのような力を得る必要があるのか、ということを理解することができるのではないでしょうか。それを理解したうえで、わたしたちは子どもたちに、なにを、どのように教えたら良いかということを考えたいと思います。

心が育ちます

わたしたちが学んだ1年目の講座の、ルドルフ・シュタイナーの人間観によりますと、人間には「身体」と「心」と「精神」が具《そな》えられていると言います。そして、人が成長する過程で、それぞれが集中的に育つ時期があります。「身体」は主に生まれてから7歳くらいまでの間に、「心」は7歳から14歳くらいまでの間に、そして「精神」は14歳から21歳くらいまでの間に育ちます。「身体」が成長する時には「身体」と共に「意志」の力が、「心」が成長するときには「感情」が、「精神」が発達するときには「思考」の力が育ちます。この講座でも繰り返し書いていますので、きっと皆さまの認識になっていることと思います。

このシュタイナーの人間観によりますと、わたしたちが今学ぼうとしている7歳から14歳くらいまでの子どもの内では、「心」が、「感情」が育つのですね。だからと言って、幼児期の子どもの内に「心」が、「感情」がなかった訳ではありません。そして勿論《もちろん》、「精神」の働きもあります。ただ、幼児の頃には「心」と「精神」は、「身体」と強く結びついていました。ですから0歳から6歳くらいまでの子どもたちの「感情」のあり方を見ると、「心」が「身体」に結び付いていることに気がつきます。つまり、子どもたちの「感情」はとても本能的な在り方をしているのです。つまり幼い子どもは「身体」に心地よいと感じることを喜び、「身体」が心地悪いと感じることを嫌います。本能は「身体」(生命)を守ろうとし、生命に危害を与えるものには「反感」を持ちます。その反面、生命を守り、自分の生命の力になるものには「共感」を持ちます。ですから、子どもの「感情」のあり方を見ていると、自分の生命を脅《おびや》かされると感じられることには「反感」を持ち、自分の生命を守ってくれると感じられることには「共感」を持つ、ということが良く分かりますね。

いかがですか？　皆さまの幼いお子さん、あるいは皆さまの周囲にいる6歳以前のお子さんの「感情」は、このように本能的なあり方をしているということに気が付かれたでしょうか。……自分が食べようとしていたお菓子をお兄ちゃんに取り上げられた時、「いいわ、わたしは我慢しよう、お兄ちゃんはきっとわたしよりお腹が空いているんだ……」と考えて、我慢するでしょうか。そして譲《ゆず》ったことに喜びを感じるでしょうか？　勿論《もちろん》、時には「いいよ」と言って譲ることもあるでしょう。取られたまま争うことをしない子どももいるでしょう。その子どもは物事にあまり執着しない性質かもしれませんし、のんびりしている気質なのかもしれません。幼い子どもが、自分が犠牲になって、お兄ちゃんの喜びを自分の喜びとする、ということは殆《ほとん》どありませんね。そして、殆《ほとん》どの場合は、持っているものを取られたら取り返そうとしますし、取られたら泣き喚《わめ》くことでしょう。

あるいは……お母さんがお父さんと口論して悲しんでいる時、子どもはお母さんの悲しみを悲しむことができるでしょうか？……「どうしたの、お母さん？　泣かないで」と言って涙をふいてくれることがあるかもしれません。勿論《もちろん》、子どもにも「心」の働きがありますから、お母さんの悲しみが伝わるのですね。ただ、それはお母さんが悲しんでいることに、子どもは心地悪さを感じ、それをとても不安に感じるということなのです。お母さんの悲しみを自分の悲しみと感じる、という深い「感情」の働きから出ることばではありません。

さて、7歳の誕生日を迎えた皆さまのお子さんは、このように「身体」に強く結び付いた、本能的な感情の在り方を卒業しました。そして、いよいよ彼らの「心」は「身体」から離れ、そして、「心」それ自体が働き始めます。彼らの「心」は「身体」に左右される、本能的な感情の在り方ではなくなるのです。

「心」が「身体」から離れてゆくことが、いったいどのようなことか、皆さまには想像ができますか？　それは、子どもが世界を「心」によって受け入れるようになる、ということなのですね。生まれてから「身体」が成長している間、子どもは「身体」を通して世界と出会っていました。手を伸ばして世界に触れ、口に入れて世界を味わい、寝ころび、走り、跳び、しゃがみ……世界を「身体」で確かめていました。覚えていらっしゃいますか？　その頃、子どもたちは「善」も「悪」も、「正義」も「不正義」も、そして、「美しさ」も「醜《みにく》さ」も世界のすべてを「身体」で感じ、「身体」で受け取っていました。その子どもたちの「身体」から今、「心」が離れ、「心」がそれ自身で働けるようになったのです。それも、「身体」が十分に発達し、成長したからなのですね。

さて、こうして「心」で世界に出会うようになった子どもたちは、どんな状態に在るのでしょうか。幼い子どもの「感情」は本能的な在り方、つまり「共感」と「反感」に左右されるものでした。けれど、今、子どもたちの「感情」は、「心」の本質的な在り方に変わってゆき、「共感」と「反感」の間に、さまざまな「感情」が生まれてきます。「共感」と「反感」の間が深く、幅広く、奥行きが深く、彩《いろど》りのあるものになってゆきます。そして、驚き、喜び、嫉妬《しっと》、誇り、悲しみ、落胆《らくたん》……など、さまざまなより複雑な「感情」が生まれます。ですから、今、わたしたちが子どもたちのためにしなければならないことは、彼らの「心」が豊かに育つよう、助けることなのです。

歯が生え替わる前の子どもたちの在り方は、こうでした。……目の前に赤い花がある。おいしそうだ！　手を出してむしり取り、口に入れる。とっても苦《にが》い。不愉快だ。大声で泣く……。つまり、世界に対して殆《ほとん》ど「意志」だけで向き合っていました。世界を「身体」で受け取り、「身体」を動かし、確かめ、その結果、不快だと泣く、ぐずる、拗《す》ねる、怒る……というように、まず「身体」で確かめ、次に「感情」が働いたのです。

小学生になると、子どもたちはこう変わります。……目の前に赤い花がある。とってもきれい。お母さんの髪に挿《さ》したらきれいだろうなあと想像する。花を摘《つ》んで、家に持って帰る。花をお母さんの髪に挿《さ》す。お母さんが喜び、わたしも嬉しい！……今や、子どもたちは世界と「感情」で向き合います。世界を「心」で受け取ります。そして、「感情」が彼らの「意志」に働きかけ、そして手足を、「身体」を動かす力となるようになりました。

赤い花を見て、手に取り、口に入れ、苦《にが》くて泣いていた子どもが、今、その花を「美しい」と感じ、お母さんの髪に挿《さ》したい、と望み、花を摘《つ》む、そしてお母さんにプレゼントし、お母さんが花を喜び、その喜びをまた喜ぶというように変りました。こんなふうに子どもが成長してゆく様子をみていると、わたしの心はいつでも畏敬《いけい》の念でいっぱいになります。「ああ、こんなふうにして、子どもたちは瞬々刻々成長していっているのだなあ」と、胸が高鳴ります。こんな子どもたちの様子を見ていると、日に日に人間らしくなっていっている、と感嘆します。そう、彼らの内で、「心」が育っているのです。彼らは今、世界を「心」で受け止め、それをわたしたちと共有することができるようになったのですね。

権威を求めて

シュタイナーは言います。「子どもたちの内で育っている『感情』のその中でも、二つの『感情』が今、特別に発達し、それによって子どもたちのこれ以降の感情生活が左右される」と……。その二つの特別な「感情」とは「権威を尊ぶ」感情と、「愛する」感情だと言います。

25年も前に、はじめてシュタイナー教育について書かれている本を読んだ時、「教師は権威でなければならない」ということばを目にして、わたしは驚きました。その頃わたしが「権威」ということばに抱いていたイメージは、「有無を言わせずに従わせる」「疑問を差し挟《はさ》ませない」「どんなことばにも従う」……わたしの自由を奪うとても恐ろしい存在、それが「権威」だと信じていたのです。わたしにとっては、父親が「権威」でした。父の言うことには誰も逆らうことができませんでした。わたしの考えを一言でも言おうものなら「口答えをするな！」と一喝《いっかつ》されました。わたしは父親という「権威」の前では自由に考え、感じ、話し、行為することが許されませんでした。わたしは「権威」を嫌いました。

「権威」を憎みました。「大人になっても、わたしは決して『権威』にはならない」と心に決めていました。そんなわたしがシュタイナー教育を学び、シュタイナー学校の教師になることを目指して教師のトレーニングを受けました。それから17年が過ぎ、今、わたしは子どもたちの前で彼らの「権威」として立っています。

ルドルフ・シュタイナーの考える「権威」とは、どのようなものなのでしょう。彼は、どんな考えがあって、そう言っているのでしょう。

……子どもたちは7歳になる歳に、学校へ行き始めます。お父さん、お母さんから離れて知らない所へ一人で行くのは不安でたまりません。教科書やノートの入ったランドセルは重くて肩に食い込みます。幼稚園の小さな建物とは違って、学校の校舎はとても大きくて、何がどこにあるのかさっぱり分りません。先生はいつも忙しそうに早足で歩いています。校庭も広くて、どこで遊んだらいいのでしょう？休み時間には、大きいお姉さんやお兄さんが大勢走りまわっています。いったい、わたしは何をするためにここへ来たのかしら？　いつまで居なきゃいけないのかしら？　いつになったら家に帰れるの？

学校で子どもたちは頼れる人を探しています。守ってくれる人を求めています。知らない所で、知らない人に囲まれて、分らないことばかり……わたしを守ってくれる人はどこにいるの？　わたしに教えてくれる人は誰？　わたしの手を引いてくれる人はいないの？　子どもたちは信頼できる人を探しています。教えてくれる人が必要なのです。従うことのできる人が欲しいのです。……そんな時、子どもたちの前に現れるのが先生です。先生はなんでも知っています。なんでも教えてくれます。いつも落ち着いています。いつも静かで穏やかです。「ああ、よかった！　もう大丈夫！　この人はわたしを助けてくれる。この人はわたしを守ってくれる。この人の言うことを聞いていたら大丈夫！　この人について行ったら、安心！　この人の言うとおりにしていたら、間違いない！」……子どもたちは先生を信頼し、心から愛し、心から慕《した》います。こうして、子どもたちは「権威」と出会うのです。……この人は立派な人、この人は正しい人、この人は強い人、この人は賢い人、だから、わたしはこの人に従ってゆこう、この人を手本にしていたら、わたしもいつかこの人のようになれる！……子どもたちは先生を心から慕《した》い、愛し、尊敬します。子どもにとって「権威」とはこのような人なのです。

　この年頃の子どもたちは自分で考えて、正しいことを正しいと判断することはできません。善なる行いも、真なるものも、子どもたちはまだ自分の力で見定めることはできないのです。子どもたちは「権威」を通してすべてを判断するのです。子どもたちが権威として尊ぶ人によって正しいと示されることを、子どもは正しいと判断するのです。権威が示す善きことを、子どもは善きことと理解するのです。子どもたちが真なるものを真なるものと受け取ることができるのは、子どもたちが心から慕っている「権威」が示すからなのです。

　子どもたちはこうして「権威」に出会い、「権威」を通して世界と出会うのです。子どもたちにとって、どれほど先生が大切な存在であるか、お分かりでしょう。「権威」とは、「この人に従っていったらこの人のようになれる」「この人の言うとおりにしていたら、この人のような立派な大人になれる」と、子どもたちが心から感じられる存在なのです。今、人間として必要なことを学び、必要な力を獲得するために、子どもたちは学校に行き始めました。そして、彼らは「権威」に出会い、「権威」を尊び、「権威」から学び、「権威」に従って生きてゆこうとしています。子どもたちが「権威」として尊ぶ先生が彼らを広い世界に誘《いざな》ってくれます。子どもたちはこうして先生に連れられ、世界と出会ってゆくのです。「権威」とは、人を押さえつけたり、無理やり従わせたり、言うなりにさせる力ではありません。「権威」とは、この人から学びたい、この人に従いたい、この人に倣《なら》いたい、と人に心から思わせる力であり、愛であるのです。そして、わたしたち大人はだれでも、子どもたちの前で「権威」になることができます。いえ、ならなければなりません。

シュタイナー学校で学ぶこと

おとうさん、両手でやさしく持ってね、そーっと息を吹き込むと……、ね、おとうさん、ふしぎでしょう！　リコーダーからとってもきれいな音が出るのよ。どうしてかなあ？　わたし知りたいな。（音楽・リコーダー）

手をパンと叩いて、それからトンと前へ跳《と》んでね、それからピョンと上へ跳《は》ねるとね、そのたんびに3ずつ増えるんだよ！　3が3を呼んでくるのかなあ？　どんどん数が増えていくんだ……数ってふしぎだなあ！（身体を動かし、リズムで覚える九九）

アダムとイヴはどうして神様の言いつけを守らなかったんだろう？　ぼくだったらぜーったい守るのに……そしたら、あんなに楽しく暮らしていた楽園から追い出されることなんてなかったのにね……蛇《へび》はきらいだ！　ずるいから！「だめだめ、だまされちゃだめ！　食べちゃいけないよ！」って、しょうちゃんとぼくとで、一生懸命言ったんだけどね。イヴはりんごを食べちゃったんだ……。（メインレッスン・天地創造）

あのね、お母さん、知ってる？　お天気の良い静かな時にはね、波はね、こんなふうに丸いの。でもね、風が吹くと、こんなになるのよ。もっともっと風が吹いて、嵐になるとね、お母さん、ほら、波はこんなになっちゃうのよ！　大きな三角帽子みたいでしょう？　知っていた？　おかあさん。（フォームドローイング）

わーっ、こんなにひろがったよ。となりの青とぶつかっちゃった！　あれあれ！　ぶつかったところが緑になった！　青はいいのかな、緑になっちゃって？　黄色ってすごいんだね、すっごくひろがるんだね、すごいなあ、黄色って！（水彩画）

おばあちゃん、今日、わたしたち小松菜の種をまいたよ。鍬《くわ》で畑をたがやしてね、畝《うね》をつくってね、こんもり土をもってね。「はだしになると気持がいいよ！」って、このみ先生が言ったら、こうちゃんはすぐ靴をぬいじゃったのよ。おひるご飯はあかねちゃんのお母さんがつくってくれたの。ビーツのスープ、おかあさん、こんど作ってね。とってもおいしかった！　食べたら舌がまっかになったよ。（農業）

おかあさん、聞いて、わたしあたらしい詩をおぼえたのよ。「はなをこえて　しろいくもが　くもをこえて　ふかいそらが／はなをこえ　くもをこえ　そらをこえ　わたしはいつまでものぼつてゆける／はるのひととき　わたしはかみさまと　しずかなはなしをした」（谷川俊太郎作「はる」—メインレッスン・国語）

　おじいちゃん、ビーバーって見たことある？　ぼく、今日、メインレッスンで習ったんだよ。おじいちゃん、知ってる？　ビーバーはダムをつくるんだって！　木の枝をあっちこっちから集めるんだって！　あたまがいいんだね、ビーバーって！　よしみ先生は、アメリカでビーバーのつくった本物のダムを見たことあるんだってさ。ぼくも見たいなあ！　おじいちゃんも見たい？（メインレッスン・動物学）

　東京からオイリュトミーの先生がきたよ。きょう、オイリュトミーあったんだ。鉄のぼうをもって、あっ、鉄じゃなくて銅だって、佳子先生が言ってた。八の字にくるくる歩いてね、真中ですれちがう時、けいちゃんとぼうをぶつけっこしちゃった！　それであわてて歩いたら、すべってころんでお尻がいたかった！　みどり先生がピアノを弾《ひ》いてくれたよ。

愛する心

「権威」に導かれて見知らぬ世界に旅立った子どもたちは、野原で遊び、川を渡り、峠を越え、いっぽん道を歩き、空を眺《なが》め、木に登り、坂を駆《か》け下り、花を摘《つ》み、草笛を鳴らし、石をたたき、旅を続けます。この世の中には不思議なことがたくさんあります。美しい花が咲いています。すばやく身をかわす魚がいます。速く走る動物がいます。高く飛ぶ鳥がいます。働く人がいます。世界は美しく、素晴らしく、力強く、驚きに満ちています。世界は謎《なぞ》に満ちています。子どもたちは喜び、驚き、嬉しがり……世界のあらゆることに、全身で感動します。

　感動した子どもたちは、やがて世界を「愛する」ようになります。感動する心が子どもたちに、世界を愛することを促します。

　生まれてからずーっと今まで、子どもたちは愛され続けてきました。お母さんに、お父さんに、おばあちゃん、おじいちゃん、おばさん、おじさん、近所のおねえさん、おにいさん……周囲の人に愛され、慈《いつく》しまれ、大切にされて大きくなりました。存分に愛を受けて成長しました。注がれた愛を、今、子どもたちは世界に注ごうとするのです。

そして子どもたちは、

「わたしはだれ？
わたしの周りにいる人はだれ？
わたしはなぜ生きているの？」

という人生最大の謎《なぞ》に出会うのです。

傾聴《けいちょう》と驚きのみで静かであれ
わたしの深い深い生命よ
風が欲することを
白樺がふるえる先に知るために

リルケの詩を読んだとき、「ああ、これはこの年頃の子たちのことだわ！」と思いました。皆さまはどう感じられますか？　皆さまはお読みになったことがありますか？

追記

今回は、小学校1年生と2年生の子どもたちについて書き、9歳の子どもたちについては触れませんでした。9歳の子どもたちは、7歳、8歳の子どもたちと成長の段階が大きく異ります。皆さまもご承知のように9歳頃、子どもたちは第2の自我の目覚めを迎えます。それは「9歳の危機」と呼ばれるほど、子どもたちにとっては困難な時でもあります。考えた末、9歳の子どもたちについては12月号に書くことにいたしました。今月号でその年頃の子どもたちについて学べると思い、待っていてくださった方には、申し訳ありません。

9歳の子どもたちの内で、自我がどのように芽生えるか、その時、子どもたちはどのような状態にあるのか、わたしたちはそんな子どもたちとどのように向き合ったらよいのか……は通信講座第1期8月号の「ペタゴジカル・ストーリー『9歳の危機を救うために』」で触れました。また、第2期8月号「今月のトピックス・17歳はなぜ荒れるのか？」の中にも書きました。参照していただけると嬉しく思います。

シュタイナーによる人生の7年周期（3）

35歳から42歳まで
精神的な生き方へ向かって

……自分の幸せだけを求め、物質的な願いを渇望し、
叶わぬ苦しみに、自ら生命を絶つことさえ考えました。

諦めた時、わたしの前にシュタイナーがいました……

大村さんはあなたの肩に手を置いて、こう囁《ささや》きます。

「いいんですよ、自分のために生きていいんですよ」

精神的な生き方へ向かって

精神の世界からこの地球へ、物質の世界へ、物質である身体を具《そな》えておりてきたわたしたちは、身体をもってしかできないこと、そして物質の世界で果たすべきことを終えた後、再び精神の世界へ戻ります。今、世界中の多くの人が唯物《ゆいぶつ》主義を唱《とな》え、物質主義を生きている中で、皆さまは、このようなルドルフ・シュタイナーの世界観と人間観をご自分のものとすることができるでしょうか。

いつも言っていることですが、どんな考え方も決して鵜呑《うの》みにせず、ご自分の体験と照らし合わせて深く考え、ご自分の認識になさってください。そして、もしどうしても理解できない、納得がゆかないとお考えでしたら、そのまま胸にしまっておかれたらよいと思います。いつか今知ったことが、皆さまの認識となることがあるかもしれません。そのときはじめて、それが皆さまの生きる力になるはずです。「聞いたこともない、考えたこともない、奇妙な考え方だから……」と言って無碍《むげ》に退《しりぞ》けてしまわず、どうぞその時が訪れるまで待っていてください。も

し、縁《えん》がなく、今生《こんじょう》で再びシュタイナーの世界観や人間観に巡《めぐ》り会うことがない方もいるかもしれません。それもその方が選んだ運命です。こうして人はそれぞれの運命にしたがって生きているのですね……。

さて、この『シュタイナー教育に学ぶ通信講座』の第2期では、ルドルフ・シュタイナーの洞察による、人生を7年の周期で捉《とら》える考え方を皆さまとご一緒に学んでいます。その考え方に依《よ》りますと、わたしたちが生きる年月を72年と想定し（このように想定する根拠についても6月号で学びました）、35歳前後を人生の折り返し地点と考えています。そして先号では、皆さまとご一緒に33歳の頃に体験する「人生の砂漠」とも言われる時期について考えました。キリストが十字架の上で磔《はりつけ》にされ、肉体の死を体験したその時もまさしく33歳でした。それと同じ頃、皆さまも、心が死ぬような体験をなさったでしょうか。日本では古来、女性にとって32歳は厄年《やくどし》だと言われています。昔も、人はその頃、大きな転換期を迎えるということを知っていたのですね。

実はわたしも、「もうこれまで……」と思うような体験をしました。苦しんで、苦しんで、「もうこれ以上苦しみ続けるのは耐えられない！」と思いつめ、自ら生命を断つことさえ考える日々が続きました。その苦しみは33歳の時に始まりました。後にシュタイナーの「人生の7年周期」や「カルマ論」を学び、わたしは、「苦しみは、過去のわたしのすべてが顕《あらわ》れたものである」ということを理解することができるようになりました。そして、あの苦しみを体験しない限り、わたしはこの人生で精神の進化を遂げることができなかったのだ、ということも理解するようになりました。けれど、苦しみのさ中にいたその時には、わたしはただただ苦しみに溺《おぼ》れ、苦しみに翻弄《ほんろう》され、苦しみを苦しむだけでした。……この苦しみはわたしが成長するため、わたしが力をつけるため……ということを知ってはいましたが、わたしの心がそれを承知してはいませんでした。「成長しなくてもいい！　力なんかいらないから、この苦しみから逃れたい！　この苦しみを取り除いてほしい！」となんど願ったことでしょう。

その時わたしは、わたしのことだけを考えていました。わたしはある状況を手に入れたいと願っていました。その状況の中で生きることができたら、わたしは自由になれる、そしてわたしは成長し、より良い生き方ができる、わたしは世界をより深く理解し、人生の目的に適《かな》った生き方をすることができる……そうすれば、わたしの周囲に生きる人たちも幸せになる、わたしのまわりの人も自由になる……そう信じていました。その状況を手に入れて、まずわたしが幸せにならなければ、わたしが自由にならなければ、わたしがより良くならなければ……と信じこんでいたのです。そうしてわたしは自分のことだけを考えていました。わたしはわたしが苦しむことで、もっと苦しい思いをさせてしまった、わたしの周りで暮らす人たちに思いを寄せることができませんでした。皆が苦しみ、悲しんでいることを、わたしは知っていました。それでも、「ごめんなさい。許してください。わたしが良くなれば、わたしが自由になれば、わたしが幸せになれば、あなた方も幸せになれるから……」待っていて欲しい、辛抱《しんぼう》して欲しい、と心の中で毎日手を合わせるしかなかったのです。

そうして2年の月日が経ちました。わたしは聖書の中で、どんな困難の時も、神がわたしと共にいてくれる、そして困難の中に在って息も絶え絶えになっているわたしを、神が担《にな》ってくれているということを知らされました。わたしはその事実に感動し、心から感謝しました。感謝しながら尚《なお》、わたしは望み続けました。それから更に3年、5年が過ぎました。願いは叶《かな》えられず、それでも望みを捨て切れませんでした。わたしは相変わらずもとのままでした。わたしは少しも良くはなっていませんでした。自由にも幸せになってもいませんでした。わたしは世界を、人生を、以前より、より深く理解することもできていませんでした。苦しみはいや増すばかりでした。そして、そのすべての原因を、望むものが手に入れられないためだと信じていました。

わたしは状況が変ったら、すべてが変ると信じ込んでいました。望んでいた状況を手に入れることができれば、わたしは幸せになり、わたしの周りの人も幸せになると確信していました。わたしはわたしの内面を変えようとは考えてもいませんでした。今にして思えば、わたし自身が変ってこそ、状況も変るのに……。いえ、状況そのものが変らなくとも、わたし自身が変れば、その同じ状況の中で、わたし自身の見方、感じ方、考え方が変り、そうしてはじめて世界が変るのだということを今、わたしは分かるのです……。

望んでも望んでも、わたしの欲しいものは手に入らず、わたしは、毎日「苦しい」「悔《くや》しい」「悲しい」……と嘆《なげ》き暮らしていました。苦しさの中で、ある日わたしは、「もしかすると、わたしの願いは神様の意に適《かな》わないことなのかもしれない」という考えがふっと胸に浮かびました。それは恐ろしい考えでした。忘れようとしました。けれど打ち消そうとすればするほど、その考えがわたしの胸の中で膨《ふく》らんできたのです。そして、とうとうわたしは意を決し、「望むものをわたしが手に入れることが、神さま、あなたのみ胸に適《かな》うなら……そうなりますように」と、祈りました。それはとても勇気の要ることでした。なぜなら……神さまのみ胸に叶《かな》わないのなら、わたしの願いは聞き届けられない……ということを、承知することになるのですから……。それを認めることは怖《こわ》いことでした。でも、望みが叶わない苦しさに耐え切れず、わたしはそう祈ろうと決めました。けれどわたしは「神さまは、きっとこんなわたしを憐《あわ》れんでくださるだろう」という希望を心の片隅に抱いていました。そうしてわたしは毎日毎日祈り続けたのです。

「み胸に適《かな》うなら……」と祈りはじめて1年が経ち、2年が経ち……それでもわたしの望みは叶えられませんでした。わたしは「諦《あきら》めよう」と思いました。「もう諦めよう。もう、それを手に入れることを諦めよう。わたしの望みは捨て去ろう、わたしが幸せになることを諦めよう」そう、思いました。「神様のみ胸に適《かな》わないことなのだから」……それは、苦しい決断でした。いま、この状況を手に入れることができなかったら、わたしは生きている間、もう二度と幸せにはなれないに違いない、希望を失ったら、二度と再び幸せになることを望むことさえできない、そう思い込んでいました。わたしはうろたえ、迷い、戸惑《とまど》い、ためらい、たじろぎました。わたしは怖かったのです。諦《あきら》めることが怖かった。捨てることが怖かった。望んで望んで止まないことを諦めた後の、わたしの人生を想像することができませんでした。欲しくて欲しくてたまらないものを持たずに、わたしは生きてゆけるとは思えませんでした。それなしにどのように生きていって良いか、分かりませんでした。死ぬほど望んでいるものが、手に入らないまま送る人生を思い描くことができませんでした。ですから、わたしにとってそれを諦めるということは、死ぬことにも等しいと思われたのです。

　でも、手に入れられないが故《ゆえ》に味わう苦しみにも、もう耐えられないと思いました。望みが叶うことを当てもなく待つ日々に、精魂《せいこん》が尽き果てたと感じました。そして、これほど望んでも叶えられないなら、これほど努力しても得ることができないなら、これほど苦しんでも、もう望むまい、諦めよう、忘れよう、と思い定めました。自分のことは諦めよう、自分が良くなることは忘れよう、そう決めました。

「どんなことをしても手に入れたいと思っていたものを諦めたのだから、神様はきっと誉《ほ》めてくださるだろう、そしてわたしをがんじがらめに縛《しば》っていた欲から解放されて、わたしは心安らかに暮らせるに違いない」……そう思いました。けれど「諦める」と心を決めたからといって、その瞬間から、わたしが望みを捨て切れたかといったら、そんなことはありませんでした。ようやくの思いで、欲しいものを手に入れることを諦めたのに、希望を捨てると決めたのに、わたしの本心は諦め切れないのでした。死ぬほどの悲しみの中でそれを捨てると決心したのに、わたしはまだ忘れることができずに苦しんでいたのでした。

「わたしはいったいどうしたら良いんだろう。願いが聞き届けられることを諦めたのに、わたしは望みを捨てたのに……」わたしは憤《いきどお》りました。心底《しんそこ》嘆《なげ》きました。「わたしは捨てる、忘れる、諦めると決心したのに、どうしてあなたはわたしにそうさせてくれないのですか?」と神様を恨《うら》み、神様に憤《いきどお》りをぶつけました。そして途方《とほう》に暮れました。これ以上どうしろと言うの？　と天に向かって問いかけました。

そして、今度は縋《すが》るように、「捨てさせて欲しい！　忘れさせて欲しい！　諦《あきら》めさせて欲しい！」と願いました。そして時には脅《おど》すように「なんで忘れさせてくださらないのですか！　わたしの願いはあなたのみ胸に叶《かな》わないと知って、諦めようと決めたのに！」……まるで神さまを脅《おど》すようなことばを発していました。わたしは自分の力では捨てることも、忘れることも、諦めることもできませんでした。自分の力ではなにひとつ、思い通りのことができなかったのです。わたしにできることは、ただ「忘れさせて欲しい」「諦めさせて欲しい」と願い、祈ることだけでした。そして、前に進むことも、後に下がることもできず、わたしはただただじっとそこに立ちすくむばかりでした。

ある秋の午後のことでした。わたしは廊下の上りかまちに腰を下ろして、見るともなく空を眺《なが》めていました。わたしは一人でした。あたりはし－んと静まり返っていました。澄んだ秋の空気の中に金木犀《きんもくせい》の香りが漂《ただよ》っていました。まるで金粉が舞っているかのように、空気はきらきらと輝いていました。そして、気が付くとわたしの心も同じようにし－んと静まり返っているのでした。「ああ、わたしは生き延びた、わたしは救われた」と深い安堵《あんど》が、わたしの全身から沸《わ》き起こってきました。長い間、「手に入れたい！」と狂うように望んでいたものが、遠くに霞《かす》んで見えるようでした。わたしは導かれて生き延びたと感じました。すべてが導かれたまま起り、これからも起こってゆくだろうと感じました。

苦しみの果てに

7年ぶりにわたしに訪れた平安でした。

その時、「これからは人のために生きよう！　今まで迷惑をかけてきた人たちに償《つぐな》いをしよう、自分のことはいっさい考えず、その人たちのために生きよう！」という熱い思いがわたしの胸に沸《わ》き起こってきました。それは奇跡のようでした。今の今まで、自分が良くなりたい！　自分が幸せになりたい！　自分が！　自分が！　と自分のことばかり考え続けていたわたしが、自分のことを諦めた瞬間に、「人のために生きたい！」という願いを持ったのです。「人のために生きたい！」と心から願ったのです。そして、わたしはそう決めました。

こうして、わたしは7年の間に、少しずつ、少しずつ、這《は》うようにして進んできました。そして、ようやく自分を捨てて人のために生きることを志すことができるようになったのです。欲しい「もの」を捨て、「人のために生きる」という、精神の進化を遂げるための道を探り当てたのです。わたしは重荷を下ろして、身も心も軽くなったように感じました。こうして長い年月が経ち、気が付くと、わたしは以前より穏《おだ》やかになっているようでした。

それまでわたしは望むものを手に入れたら幸せになれる、と信じていました。その状況の中で生きていけたら、わたしは自由になれると思いこんでいました。その願いにがんじがらめに縛《しば》られていました。欲しくて！　欲しくて！……望むだけ望んで……手に入れるためには卑《いや》しい思いを抱き、醜《みにく》いことを考え、酷《ひど》いことも卑劣《ひれつ》なこともして、それでも手に入らない……わたしはぎりぎりのところまで渇望《かつぼう》しました。手に入れることのできない苦しさに耐えました。そしてとうとう、その苦しさに耐えることも限界に達し、わたしはその望みを捨てる決心をしたのです。

手に入れたいと思っていた状況が、わたしには必要がないと思い極めたのではありませんでした。「そうはならなくとも大丈夫」「それがなくともやってゆけるわ」「それがない新しい生き方をしよう！」と思ったわけでもありませんでした。わたしはただただ欲しいものが手に入らないことを悔《くや》しがり、憤《いきどお》り、苛立《いらだ》ち、悲しむ毎日に疲れたのでした。わたしはだれよりも自分を大切にする生き方を続けてきました。わたしが幸せになるためには、必要なものと必要な条件があると思いこみ、そのものと条件を満たした状況を手に入れるために、わたしは周りの人を長い間傷つけ続けていたのでした。今思い返しても、自分の思いを通そうとした、一人よがりなわたしと共に暮らして苦しみ、悲しんだ、周囲にいた人たちの心を思うと胸が詰《つ》まります。申し訳なくて、胸がきりきりと痛みます。

こうして、「欲しい」という思いに縛《しば》られ、手に入れられない「苦しみ」を苦しみ、嘆《なげ》き、悲しみ、悔《くや》しがり……苦しむだけ苦しみ、苦しみぬいて、「もうこの苦しみから逃れるには、この望みを捨てるしかない」という状態まで苦しんだ時、わたしはじめて、それを捨てる決心ができたのでした。そはじめて、それを捨てる決心ができたのでした。その時はじめて、わたしは諦《あきら》めようと思うことができたのでした。けれど、決心はしてもまだわたしは諦め切れず、苦しむ日々が続きました。「諦めよう」「諦めたい」「諦めさせて欲しい」と願い続けたわたしに、ある日ようやく、まったく突然に、穏やかな日が訪れたのです。

それから20年近い歳月が流れた今、振り返ってつくづく思うことは……自分の願いが満たされることをとことん望み、ぎりぎりの限界まで欲しがらない限り、わたしは諦めることはできなかったのだ……ということです。わたしを導いてくれた力は、わたしの内にある、そして外にある精神の力でした。こうしてわたしは精神の力によって導かれ、救われたのでした。

わたしが手に入れたいと願ったものは、ある状況でした。それは物質的なことでした。その物質的なものをわたしはどれほど欲しいと願ったことか！　けれど、それは与えられませんでした。そして、わたしは苦しむだけ苦しみました。苦しんで苦しんで、その挙句《あげく》に、ようやくその物質的なものを諦めることができたのです。こうしてわたしは7年の歳月をかけて物質的な生き方から、精神的な生き方に方向を転じることができたのです。それほどの苦しみを経なければ、わたしは変わることができませんでした。この苦しみこそが、わたしを精神の世界へ目を向けさせるために、わたしの高次の自我が与えてくれたことなのです。

ルドルフ・シュタイナーに導かれて

静かな心であたりを見まわすと、わたしの前にルドルフ・シュタイナーがいました。物質的な望みを遂《と》げることを諦《あきら》めたわたしに、彼は精神的な生き方を促《うなが》すのでした。彼の思想こそ、これから先わたしが歩む道を示してくれている、という確信がわたしの内に生まれました。彼の導きに従って歩き続けたら、物に依《よ》るのではない幸せ、すなわち精神の幸せを得ることができるに違いないと、確信しました。そして、42歳の夏、わたしはルドルフ・シュタイナー・カレッジに行きついたのでした。ルドルフ・シュタイナーの思想がわたしを支えてくれました。そして、彼の思想を生きることで、わたしはわたしの本質を生きることができるに違いない、という予感はますます揺《ゆ》るぎないものになっていったのです。

　その時、わたしの人生に光が射しこみました。ですからわたしはあなたに言えるのです。「苦しむだけ苦しめば、いつかその苦しみもなくなるわ。自分のことだけを考えぬいたら、いつか、人のことを考えられるようになるわ」と……。

　苦しみから目を背《そむ》けず、苦しみから逃れようとせず、苦しみに真正面から向き合ったら、必ずその苦しみは消える、ということをわたしは体験しました。「自分のことだけを考え、自分の幸せだけを求め、全身全霊でそれを遂げようと力を尽《つく》し、それでも叶《かな》わなかったら、その後は人のために生きることができるようになる」ということを、わたしは心底分かったのです。ですから、「自分のためだけに生きることは人としてはいけないことだから」「自分のことだけを考えては申し訳ないから」「自分だけが良くなってもしょうがないから」と考えて、あなたがご自分を責め、その苦しみをまた苦しんでいるのなら……「いいんですよ、自分のために生きていいんですよ」「自分の苦しみを存分に苦しんだらいいんですよ」「苦しいときには周囲のことを考えられないのは当然です。そのことを悔《くや》やんで、そのことを慚愧《ざんき》して、これ以上苦しみを重ねることはありません」「苦しいときには苦しんだらいいんです」……あなたの肩に手をおいて、そう囁《ささや》いてあげたい、と思うのです。

　苦しむことから逃げ、苦しむことを止め、苦しまないふりをすることはありません。先号でも書きましたように、人はすべき時に、すべきことをしなかったなら、いつか必ず同じことをしなければならないのです。なぜなら、人はだれでも課題を担《にな》って生まれてきています。この人生でその課題を果たさない限り、なんどでも繰り返し、その課題を与えられるのです。そして、後になればなるほど、後に回せば回すほど、その苦しみはより大きく、より困難になると、わたしの体験は言っているのですよ！

わたしの体験はこうして、「シュタイナーの人生の7年周期」の考え方が真理であるということを認識させてくれました。そして、もしこの認識をもっと早く獲得しさえしていれば、わたしはあれほど苦しまなくても済んだものを、あれほど周囲の人を悲しませずに済んだものを……と今思うのです。けれど、それもこれもわたし自身が選んだことなのですね。けれど、いえ、だからこそ、今人生のこの時期に在る皆さまが、そしてこれからこの時期を迎える皆さまが、ルドルフ・シュタイナーの思想を学ぶお手伝いをしたいと思うのです。わたしの経験が、皆さまの力になったらと、わたしに心から願わせるのです。

人は何度も何度も生まれ変わり死に変わる間に、それぞれのカルマ（業）を作ってきました。そして、だれもがカルマによって必要なものを与えられ、必要な力を与えられるのです。そしてまた必要な苦しみを苦しみ、必要な悲しみを悲しまなければなりません。けれど、その意味を理解していれば、与えられた力を誇《ほこ》ることもなく、無駄にすることもなく、そして苦しみも悲しみも、皆さまを支える大きな力になると、わたしは確信するのです。学ぶことはわたしたちを自由にしてくれます。わたしたちに力を与えてくれます。勇気を授けてくれます。学ぶことは実に実に大切なことなのですね。

わたしは35歳をさかいに7年近くの年月を、死ぬほどの苦しみに耐えました。そして、それを乗り越え、わたしは精神的な生き方を促《うなが》されたのでした。そして、シュタイナーに出会いました。シュタイナーの思想を生きるということは、すなわち精神的に生きるということです。物質の世界で、物質という身体をもって生きているわたしたちが、わたしたちの内にも外にもある精神の力と、精神の働きを認識し、そして精神が示してくれる道を歩むこと、それが精神的に生きることなのだと思います。

わたしたちはだれでも生まれてくる前には、精神の世界にいました。そして、身体を持って精神の進化を遂げるために、物質の世界へ生まれてきました。そしてこの世界で果たさなければならない進化を果たした後に、再び精神の世界に戻って行くのです。35歳という人生の半ばで、物質の世界にもっとも深く関わったあなたは、それ故に、大きな苦しみを体験しなければなりませんでした。そして、それを乗り越えたあなたは、今こそ、わたしたちの生まれ故郷である精神の世界に戻る準備を始めるのです。わたしたちが誕生したということは、物質界へ物質という身体を纏《まと》ってきたことであり、死ぬということは、物質を脱ぎ捨てて、再び精神界へ戻るということなのです。

精神の世界に向かうために

さて、わたしたちはどのように生きることによって、精神の世界へ向かう道を目指すことができるのでしょうか。わたしたちは周囲の人に育てられ、力を与えられて成長し、21歳を過ぎて社会に出て働き始めました。そしてそれから人生の二つの時期を過ぎました。

そして今、わたしたちは「冷静な判断」より「強い意志」に支えられて生きるとルドルフ・シュタイナーは言います。わたしの場合を見ても、状況に対してわたしが冷静な判断ができなかったわけではありません。わたしの理性は「あなたの物質的な望みを叶えようとする生き方は止めなさい。そんな生き方をしてはいけません」とわたしの耳元で囁《ささや》き続けました。けれど、わたしはその囁《ささや》きに従うことができませんでした。わたしを支配していたのは、ただただ欲しい、手に入れたいという強い思いでした。その思いがわたしの意志に働きかけ、わたしはその意志に支えられて生きていたのです。その時、わたしはもっともこの地上に深く、強く関わっていました。そして、精神の世界からもっとも遠ざかっていたために、わたしの地上的な欲が意志と結びついたのですね。そして精神的な存在たちがわたしに授《さず》けようとしていた力を得る機会を失なってしまったのです。

囚《とら》われから自由になる

シュタイナーは「わたしたちは35歳前後に、それまでしてきた生活上のさまざまな方法や、生き方が通用しなくなり、人生最大の危機に遭遇《そうぐう》して、方向転換を始めることを余儀《よぎ》なくされる」と言っています。そして多くの人がこの体験を、「心の真夜中」と表現しています。わたしはまさにシュタイナーが洞察《どうさつ》している通りの人生を送っていました。「わたしの欲しいものはどんなことがあっても手に入れる」「それをわたしのやり方でする」「望みが叶《かな》えられないことを苦しみ、悲しみ、恨《うら》む」……という、それまでの生き方を続けようとしていました。そして、それが叶わず「心の真夜中」をあてもなく一人でさ迷っていたのです。

シュタイナーはまたこの時期を、「中年期の人々が遭遇《そうぐう》する危機の始まり」だとも言っています。「人はこの時期に、精神的な生き方に方向を転換することができないと、生きる意味を見出せず、その後の中年期を虚《むな》しく過ごすようになってしまう」と言うのです。残念ながら、わたしが見る限りでも、そんな人生を過ごしている人は大勢います。皆さまの周りに、中年になっても人生の意味を見出すことができず、目的もなく生きている人がいませんか。シュタイナーによる「人生の7年周期」の考え方をご一緒に学ぶことによって、わたしはなんとしてもその方々の力になりたいと願っています。

シュタイナーはまたこうも言っています。「変革を求められることは、『わたしが人として生き抜くための人生の問』に出会うことであり、それはもっとも個人的な行為によってなされるべきである。そして、わたしたちはその渦中《かちゅう》に在る時にはそのことの意味が分からず、後にそれが正しいことであったのか、あるいは間違いであったのかということが分かるのだ」……わたしが抱えていた困難は、シュタイナーの言うとおり、まさに「人生の問」であり、まったくわたし個人の問題でした。そして、苦しみの中にいる時には、その意味がわかりませんでした。分からないことがますますわたしを窮地《きゅうち》に追いこんでいったのです。

今、思い起こすと、ただただ欲しいものを手に入れたいばかりにわたしは人を傷つけ、軽んじ、蔑《ないがしろ》にしました。それは正しい生き方ではありませんでした。けれど、わたしの内にどうしようもなくある、その欲望をわたしは無視することができませんでした。それを凝視《ぎょうし》しよう、向き合おう、とわたしが強く意志したわけではありません。けれど、わたしの欲望はあまりにも強く、苦しくても、辛くても、しんどくても、わたしはそれから目を背《そむ》けることができなかったのです。そして、欲望を遂げようとするわたし自身の酷《ひど》い在り方を、わたしは目を据《す》えて見ないわけにはいきませんでした。欲望を遂げようとする生き方は、正しい生き方ではありません。けれど、わたしが精神的に生きるための道に辿《たど》り着くために、それはどうしても必要なことだったと、わたしには思われるのです。

世界がわたしに求めていること

52ページのグラフを見てください。35歳から42歳までのこの時期は、わたしたちが嘗《かつ》て過ごした0歳から7歳までの時期を反映しているということがお分かりですか。生まれてから7歳頃までの子どもの内では身体が成長し、それと共に意志が育つということを、わたしたちは学びました。このグラフは、35歳から42歳までのこの時期に、わたしたちは0歳から7歳までの子どもの内で育っていた強い意志を、もう一度獲得しなければならないということを示しているのです。けれど、それぞれの意志の内容は異なります。

子どもの時には、「わたしがなにをしたいか、わたしがなにを欲しいか、わたしがどこへ行きたいか」……いつも、いつもわたしの意志が問題でした。が、今大人になったわたしたちの内にある意志とは、「世界の意志」です。つまり、「世界がわたしに求めていることを成し遂げる意志」が、わたしの内で育たなければならないのです。「世界の意志」が、わたし自身の意志になる必要があるのです。そして、わたしは「世界がわたしに求めていること」を遂げるための道具になることを求められているのです。

子どもの頃、わたしたちは周囲の印象を知覚する

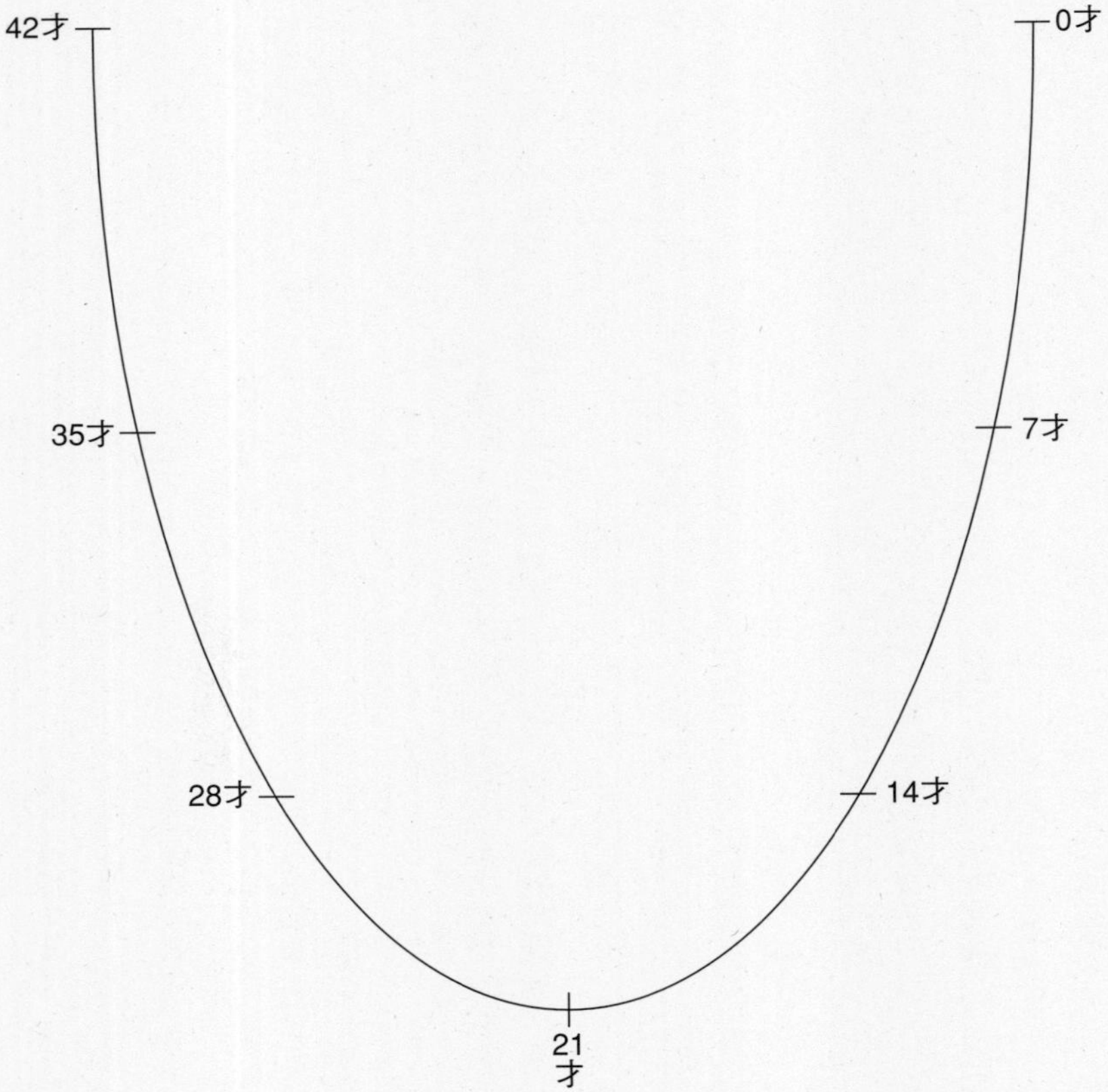

㊟ このグラフは「21才を境に、わたしたちの心のあり方が反映され、繰り返される」という考え方に基づいて作られたグラフです。

感覚そのものでした。その時には「わたしがなにをしたいか」ということだけが問題でした。けれど今や、世界がわたしに与える印象を知覚するのではなく、わたしたちが世界それ自身を知覚する必要があり、その世界がわたしたちに向けて発する問に真摯《しんし》に深く向き合い、それに応えなければならないのですね。

もう一度グラフを見てください。42歳は0歳に相応していますね。そうすると、38歳は、自我の萌芽《ほうが》が見られる3歳の頃に相応しているということが分かります。わたしたちは38歳の頃、ひどい孤独感に苛《さいな》まれることがありますが、これはかつて3歳の頃、わたしたちの内で自我が生まれ、世界との乖離《かいり》を感じた経験に相当するものなのです。ですから、もしあなたが今孤独に陥《おちい》っているなら、それは、あなたが今、日常の自我ではなく、高次の自我を認識しつつあるということなのです。日常の自我が主張することと、高次の自我が示すことに乖離《かいり》を見いだし、その狭間《はざま》に在って、あなたは今孤独を感じているのです。けれど、もしわたしたちが真に高次の自我の認識を獲得することができたなら、その時、わたしたちは世界と一つになることができるのです。なぜなら、高次の自我こそが真理だからなのです。真理は世界中に働き、世界はその顕《あらわ》れなのです。わたしたちの存在をも含めて……。

シュタイナーはまたこう言っています。「献身《けんしん》の使命……あなたのすべてを行為に託《たく》しなさい。あなたがすることが問題ではなく、あなたが世界にもたらすものが大切なのです」と……。覚えていますか。幼い頃、わたしたちはひたすら世界に没頭していたということを……餌《えさ》を運ぶ蟻《あり》の行列に一心に見入っていたことを、流れる雲に身も心も奪われて眺《なが》めていたことを、雨を告げる蛙《かえる》の合唱に聞きほれていたことを、何もかも忘れてお母さんの胸にすっぽり抱かれていたあの時を……。わたしたちは世界中のすべての人を信頼し、世界のすべてのものを愛し、世界のすべてのできごとに夢中になっていました。わたしたちはありとあらゆることに没頭し、献身していました。その時のことを、今わたしたちは忘れてしまっています。思い出しましょう！　あの時に抱いていた献身の心を！　そして、あの頃と同じように、強い意志を以って、今こそ世界に働きかけましょう。「わたし自身に」働きかけるのではなく、わたしを必要としている「世界に」働きかけるのです！

この時、もうひとつ大切なことがあります。この頃わたしたちは、0歳から7歳までの間に辿《たど》った道を反芻《はんすう》すると書きました。0歳から7歳までの子どもたちが、人間としてこの地球上で生きるために必要な身体を作ったように、精神界に向かって歩むために、今わたしたちはわたしたちの精神を蔽《おお》う身体（力）を身につけなければなりません。そのためには、「わたしたちが持ち続けているさまざまなことに対する固定されたイメージ、植えこまれた知識、癖《くせ》、習慣を捨てる必要がある」とシュタイナーは言います。

わたしにとってそれは容易なことではありませんでした。生まれてから営々と身につけてきた、それらのものを捨てるために、わたしは自分がそういうものを身につけているということを知る必要がありました。そのために、わたしがどれほどそれらに縛《しば》られ、翻弄《ほんろう》され、自由を奪われているかということを、わたしはとことん体験する必要がありました。なぜなら、どれほど不自由な思いをしているかということに気付かない限り、わたしは捨てなければならないということを、思い付きもしなかったからなのです。それに気付いたからこそ「捨てよう」と、わたしはようやく心を決めることができたのです。

「わたしたちが幼いときから持ち続けている『劣等感』や世界に対する『怒り』、人に対して抱く『恐れ』、『恥』などが、わたしたちを先入観や、思いこみ、癖《くせ》、習慣に固執《こしつ》させているのだ」と、シュタイナーは言います。もしそうであるなら、「なぜ、わたしは捨てられないのか？」「持ち続ける意味はなんなのか？」「それらにどんな価値が在るのか？」……考える必要がありますね。今、わたしたちは、わたしたちが捨てられないでいるこれらのものが持っている正当性や価値を見直さなければならないのです。

苦しみや、悲しみ、そして困難は、わたしたちにそのための必要な機会を与えてくれます。ですから、どうぞ、苦しみや悲しみ、困難に目をつぶらないでください。そして、わたしたちの内にあってわたしたちを不自由にし、世界がわたしに求めていることに知らぬふりをさせている力を、是非是非、振り捨てましょう。わたしたちがまとっている必要のないものは身から剥《はが》しましょう。そして、精神界に戻る道、すなわち精神の進化を辿《たど》る道を歩き始めようではありませんか。世界がわたしに求めていることを行う、真に強い意志を獲得しましょう。

道を示してくれる、シュタイナー

わたしたちがこの困難な道を歩もうとする時、もしわたしたちの傍《かたわ》らに立って、この道を共に歩み、勇気付けてくれる人がいたらどんなに良いことでしょう。「この時、幼い頃いつでもわたしたちを見守り、わたしに寄り沿い、わたしを励まし続けてくれた母親や父親のような人を見つけることが大事だ」、とシュタイナーも言っていますよ。そんな人がわたしたちの傍《かたわ》らにいていつも寄り添い、励まし、支えてくれたなら、わたしたちはきっと、意志を確かな行為に変えることができるに違いありません。

わたしにとって、求め続けていたその人こそが、ルドルフ・シュタイナーでした。彼の差し出す明かりがわたしの足元を照らし、彼の示す真理がわたしを励まし、彼の辿《たど》った足跡がわたしに勇気を与えてくれたのです。わたしは長い間、そんな人を周りに求めていました。身体をもった人に求めました。けれど、人に求めるのではなく、ものに求めるのではなく、それは思想にこそ求められるのだということを、シュタイナーは教えてくれたのです。

もし、わたしがあのままあの暗闇の中で蹲《うずくま》り、そこに留《とど》まっていたなら、わたしはシュタイナーにも出会うことがなかったでしょう。そして、真理を求める道を探り当てることもできず、使命を知ることもなく、ただただ力なく生き続けていったに違いありません。でも、わたしはわたしの内に在る邪《よこしま》な、醜《みにく》い力から目を逸《そ》らさず、その欲求に従いました。そして、卑《いや》しい自分、浅ましい自分、卑劣《ひれつ》な自分を引きずりながら歩き続けました。時には躓《つまず》き、倒れることがありましたが、それでもまた立ち上がり、歩き続けました。そして、わたしはわたしのそんな酷《ひど》い姿をとことん見極めました。だからこそ、自分を変えたいと切望したのです。

もし、わたしがわたしの真の姿に向き合わず、物心ついてからずっとそうであったように、自分を「善い人」「親切な人」「明るい人」「思いやりのある人」「物分りの良い人」であると思いこんでいたら、わたしは一生涯、わたしの真の姿を見ることができなかったに違いありません。でも、わたしは苦しみの中で、わたしの真の姿を見定める機会を与えられました。それは酷《ひど》い姿でした。想像だにしなかった姿でした。その姿を見て、はじめてわたしは、そんな自分を変えたいと心底願ったのです。

シュタイナーは「恐れずに進んで行くならば、わたしたちはこの時期に、飛躍的な成長を遂げ、より強くなることができるだろう。けれど、もし、失敗したら、次の時期にはますます難しい問題を抱えることになるに違いない」と言っています。わたしの高次の自我は、全力を以って、わたしをわたし自身に向き合わせてくれました。全く危ういところで助けられました。本当に、本当に有り難いことです。

月が示してくれること

皆さまは「ムーンノード」をおぼえていらっしゃるでしょうか。月は18年と7ヶ月という時間をかけて、わたしたちが生まれた時に月自身が在った、その位置に戻ります。そして、わたしたちが生まれてから37年2ヶ月経った時に、月は再び同じ位置に戻ってくるのです。つまり、わたしたちは37歳2ヶ月目に、第二期の月「ムーンノード」を迎えるのです。その時、わたしたちはこれからの人生を垣間《かいま》見ることができるとシュタイナーは言います。

それはとても小さな日常の出来事の中に見出せるかもしれません。いつも一緒にいる人によって示されるかもしれません。友人の何気ないことばによって知らされるかもしれません。旅先で出会った人、風景、出来事が教えてくれるかもしれません。よくよく注意深くしていなければ、見逃してしまうほど些細《ささい》なことだと言いますよ。ですから、どうぞ耳をすまし、目を見開いて、少しの間、静かに佇《たたず》んでください。

この知らせは、月からもたらされるあなたへの大切なメッセージです。こうしてあなたの運命は、世界から、あるいは他者から示されるのです。そして、メッセージを受け取ったあなたは、他の多くの人と同じように、過去を清算して、新しい生き方を選びたい、と願うかもしれませんね。

これからどのように生きるのか……

こうして、いよいよわたしたちは人生の後半生に入ります。身体の衰えも感じます。28歳から35歳までの間に、あなたは精神の力を受け取ることができましたか？　それが、35歳から42歳までの人生の第六期に入った今、あなたの力となっていますか？実は、その精神の力が、わたしたちを謙虚にし、他者を大切にするように促《うなが》してくれ、これまでのような自分を中心に考える、利己的なわたしたちの生き方を変える力になる、とシュタイナーは言うのです。

そうして、精神の力を受け取り、精神的な生き方をしようとし始めた時、わたしたちは次第に、周りが期待するように生きることを止めたいと思うようになります。つまり、……職場の皆が、わたしにこうして欲しいと思っているから、家族はきっとわたしがこうするだろうと期待しているだろうから、今までも頑張ってきたのだから、わたしがしなければ、皆ががっかりするから……する、という生き方はもういやだ、とあなたは今、思ってませんか。そんな生き方に、もう何の意味をも見出すことはできない、と思っていませんか。そんな生き方はつくづくつまらないと、今あなたは感じているのではありませんか。

人の意に添う、人の期待に応える、義務だからする、決められたことだからする、約束だから仕方がない……という生き方を捨てたいとあなたは思っていますね。人に誉《ほ》められたいから、認められたいから、嫌われたくないからするのではありません。人の助けに、力になるからする、世の中に必要とされているからするのです。あなたの内に生まれる、そんな強い衝動に促《うなが》されてしたい、ときっと今あなたは望んでいるでしょう。

そう、あなたは、真に人に、世界に、愛を感じるようになったのですね。こうして、あなたは自分の足でしっかり立ち、世界に広く目を向けるようになったのですね。そして、自分の内にも働いている、世界を動かしている大きな力、つまり精神の力を感じるようになったのですね。

仕事を続けてきたあなたは自信がありますでしょう？　でも、そのために、人の不充分さや不完全さが見えるようになったのですね。そして人を批判し、非難するようになったのではありませんか？　でも、人を批判し、非難する目は翻《ひるがえ》って自分にも向けられ、あなたは今、あなた自身の能力の限界をも知ったことでしょう。

二回目のムーンノードが巡《めぐ》ってくる時、人は今まで歩いて来た道を振り返ります。そして、このまま真っ直ぐこの道を歩き続けることに躊躇《ためら》いを感じます。この道を歩きつづけることを止めたいと思います。あなたが若い頃抱いていた理想はすっかり色褪《あ》せてしまいました。そして、その理想が実現できるという保障もありません。明るく確かな未来は見えないのです。あなたは、新しい道に踏み出したいという衝動を感じるようになります。仕事を変えますか？　それとも、仕事の他に生きがいを探しますか？

今まで、あなたが後生大事に持ち続けてきたものは、いったい何だったのでしょう？　そんなものにはいったいどんな価値があるのでしょう？　そんなものより、自分が何者であるか、どんな使命を持っているか、ということの方があなたには大事に思えるようになったのですね。

40歳を過ぎたあなたは今、身体の衰《おとろ》えを感じていることでしょう。わたしもそうでした。55歳になった今、わたしは更年期のまっただ中にいます。そして、老いについて、死について考えるようになりました。残された時間になにをするか、死ぬまでになにができるのか、自分のすることにどんな意味があるのか、どのように死を迎《むか》えるのかということを考えるようになりました。

あなたもきっと生まれてはじめて、身体の衰えを切実に感じていることでしょう。この時こそ、身体の力と引き換《か》えに、精神の力を得ることができるのですよ。ですから、希望を持って、新しい生き方を探ってください。そして、その新しい生き方で、願わくば精神的に生きる道を見つけ、42歳以後の人生を生きていかれますように……。

くれぐれも、虚《むな》しさに耐え切れずにアルコールやドラッグに走ることがありませんように！　あなたの野心をくすぐるような新しい仕事に手を染めることがありませんように！　刺激的な、魅力的な異性に出会い、新しいパートナーとしたい、と思うこともあるでしょう！　それもこれも、心の空虚《くうきょ》を物で満たそうとしているのですね。そうして、内面に向かうことを避《さ》けようとしているのですね。

あなたが今ここで、精神に向かう生き方に変えることができないと、42歳以後の人生はますます困難になるとシュタイナーは言っていますよ。方向転換が遅くなれば遅くなるほど、難しくなります。そして心に大きな穴がぽっかり空いたように感じ、生きていることが虚《むな》しくて虚しくて耐えられなくなります。そんなあなたを心配して、あなたの周りの人は、「あなた、働き過ぎなのよ。少しのんびり休んだら？」とか、「大変な職場でストレスが多いのねえ。そんな仕事やめたらいいんじゃない？」などと言ってくれるでしょう。けれど、仕事を休んでも、処方《しょほう》された薬を飲んでも、カウンセリングを受けても、あなたの心を占めている虚しさは消えないでしょう？　なぜって、あなたのその苦しみは、身体からくるものではないからです。環境がそうさせるのでもありません。つまり、外の力によってあなたが無気力になっているわけではなく、すべてはあなたの内的なあり方に依るものなのです。そして、いつも心は満たされぬ思いを引き摺《ず》り、なにをどうしてよいか分らずに呆然《ぼうぜん》と佇《たたず》むだけで、いつまでも心が晴れないのです。

女の人がこのまま更年期を迎えると、立ちあがることはますますむずかしくなります。わたしの知人にも、数年間、家に閉じこもり切りで、世間とのつながりをまったく閉じてしまった人がいます。それも一人、二人ではないのですよ。今、わたしも更年期に体験するさまざまな困難のさ中にいます。３年以上も続いた不安定な心の状態、肩こり、胸や肩、肘《ひじ》、膝《ひざ》の痛み、不眠、のぼせ、頭痛等などから解放される日を思い描いて、しのいでいます。更年期を過ぎると、まるで生まれ変わったような日々が訪れる、ということばを信じて、ひたすら耐えているのです。もし、今わたしが人生の意味を見出していなかったら、わたしの使命を悟《さと》っていなかったら……どうやって生きていったらよいか、きっと途方《とほう》に暮れていたことでしょう。

新しい精神的な価値を人生に見出さなければならない

あなたはきっと今まで、ばりばりと仕事をしてきたのでしょうね。そして周囲から感謝され、優秀な人だと評価されているのでしょう。そしてあなた自身も、それが現実に即した生き方だと満足していたに違いありません。これからも、このままやってゆけると思っていたでしょうか。けれど今、あなたは行き詰《づ》まっていませんか？　人生の半ばを過ぎた今、残りの人生を「これでいいのだろうか？」「いや、これではいけない」と、行きつ戻りつしているのではありませんか？　今までのように時間に追われる生き方はいやだ、と思っていらっしゃるのではありませんか。今まで持っていたあなたの価値観が揺《ゆ》らぎ、人生の目的が分からなくなっているのでしょうか。ただ懸命に働き、安定した生活を築くためだけに生きていたらそれでよいのか、それがわたしがこの世に生まれてきた意味なのか？　と考え込んでいるのですね。

あなたが感じているように、あなたは今まさに人生の正念場《しょうねんば》に在るのだと思います。あなたの人生が実り多いものになるかどうか、あなたがご自分の使命を果たすことができるかどうか……それは、この時期をどう乗り越えるかにかかっていると、シュタイナーも言っています。そして自分の辿《たど》ってきた道を振り返って、わたしもそう思うのですよ。

あなたは今まで、間違ったことは何もしてこなかったと思っていましたね。いつも、いつも正しいことを選んできたと信じていますでしょう？　けれど、ただ正しいことをしている、間違ったことはしない、それだけでいいの？　それだけで満足していていいの？　という思いが、今あなたの胸に沸《わ》き起こってきたのではありませんか？　わたしは価値あることをしているんだ、世の中に必要とされていることをしているんだ、これがわたしの使命なのだ、という確信が欲しいのでしょう？

「人生には、どんな意味があるのか」という問が、今や「わたしの人生にはどんな意味があるのか」という問に変ったのですね。あなたは人生の意味を見いだすことができずに、このまま物質的に生きて行くのか、それとも真の生きる意味を見出して、ご自分の使命を悟《さと》り、それを果たすために精神的な生き方をするか、まさに岐路《きろ》に立っているのですね。

自分の内にある悪を恐れずに見つめる

　わたしの目標は物質的に豊かになるだけではない、人生にはもっと大きな目標がある筈《はず》だ。わたしはそれに向かって生きて行くべきではないのだろうか？　だが、その目標はどうやって見出せば良いのか？……懸命に仕事をすることで、そして与えられた役目を果たすことで、それを見出す人もいるでしょう。人によってその目標を見出す方法は違います。わたしのように自分の望みを果たそうとし、自分の欲しいものを手に入れようとして苦しみ、人をも苦しめ、そして人生の目標を見出す人もいるのです。そんなわたしの姿は実にみっともないものでした。恥《は》ずべき姿でした。そんなわたしの生き方を蔑《さげす》む人もいました。悲しむ人もいました。憤《いきどお》る人もいました。それでもわたしはその道を選びました。人はそれぞれのカルマにしたがって、生きるのです。

　わたしのことを長々書いたのは、みっともなくとも、恥ずべき生き方でも、それを貫くことで、生きる目標を見出すこともあり、それが精神的に生きる道につながることもあるのだということを、考えていただきたいと思ったのです。道徳に適《かな》わない生き方、人を苦しめる生き方を選ばなければならないときがあること、そして選ばなければならない人がいるのだということを、皆さまに知っていただきたいと思いました。道徳や倫理や慣習に囚《とら》われ、責め、裁《さば》くだけではなく、その人の使命やカルマにまで思いを寄せながら、共に生きてゆきたいと思います。

わたしが迷い、悩み、立ちすくんでいた時、勇気を与えてくれたルドルフ・シュタイナーの詩を、愛するあなたに心を込めて贈ります。

魂の願いが湧《わ》き出ます
行為を促す意志の力が育ちます
人生の果実が実ります

わたしがわたしの星を感じるとき
わたしの星はわたしを見出します
わたしがわたしの運命を感じるとき
わたしの運命はわたしを見出します
わたしがわたしの人生の目標を感じるとき
わたしの人生の目標はわたしを見出すのです

わたしの魂と大いなる世界はひとつです
人生がわたしにとってますます困難になるとき
人生はわたしの周囲で輝きをまし
人生はわたしの内でさらに豊かなものになるのです

治癒教育とは

方向と目標を定めることはむずかしい？

**「方向」と「動き」を一致させる練習です。
まるで方向が違ったら、笑っちゃいましょう。
子どもが緊張していたらお話をするのが一番。
どんな時にも励まし、勇気づけてあげて下さい。**

自分の行こうとしている方向を見定めることができない、言われている方角が分からない、自分がどこにいるかよく分からない、という子どもを皆さまは見かけませんか。公園で遊んでいる時、仲間が急にブランコに向かって走り出す、次に砂場に向かう、次はジャングルジム……俊敏《しゅんびん》な友だちの動きについて行けずに、うろうろしている子どもが目につきます。水溜《たま》りを避《さ》けて歩こうとしても、右に行ったらよいのか、左に避けたらよいのか分からずに、途方にくれている子どもも見かけます。「上にあるでしょ。ほら、あなたの頭のすぐ上よ」と言ってくれているのに、手を出せずに黙ってお母さんの顔を見つめている子どもがいます。「右手をまわして」とか、「左手を上にあげて」と言われても、できない子どもがいます。勿論《もちろん》、なんなくできる子どもの方が多いのですが、「方向」と「動き」とを同時に結びつける力の発達が遅れている子どもにとって、こういうことはとても難しいことに感じるのです。

あなたの周りに、このような困難を持っている子どもたちがいますか？　こういう子どもたちにとっては「急いで！」なんて言われることは、とても辛いことなのです。こんな子どもたちでも、あなたが一度に、一つの動作をするように言ったら、きっとできるでしょう。一つの方向に進むように言ったら、それもきっとできるでしょう。でも、それさえも時には遅れたり、言われた通りのことができなかったり、違う場所に行ってしまうことがあるのです。そして、他の子どもたちにからかわれたり、笑われてしまいます。

そんな子どもたちにとっては、文章を読むことも、とても難しいことなのです。なぜなら、どんな文章も一つの方向に向けて書かれていますから、その方向に沿って文字を辿《たど》ることもまた、彼らにとっては難しいことなのです。ですから子どもたちは、書かれている言葉を抜かしたり、あるいは行をとばして読んでしまうことがあります。そんな時には文章にアンダーラインを引くことが大きな助けになります。また、中には手先をひねったり、腕や身体全体を捻《ね》じ曲げて文字を書く子どもが見られます。そのような子どもたちが文字の練習をする時には枡目《ますめ》のあるノートを使い、文章を書く時には罫線《けいせん》が引いてあるノートを使うと良いでしょう。また、このような子どもたちの困難は書く文字にも影響を与えます。たとえば「あ」を「お」と書いてしまったり、「い」を「こ」と書くというようなことも目につきます。

子どもたちの内で、どんな力が不足しているのでしょうか。あるいは、どんな力が育っていないのでしょうか。サクラメントのシュタイナー学校の治癒《ちゆ》教育を担当していたインゲン・シュナイダーは、「彼らの内ではある一つの方向に向かって動くということが、まだ組織化されないのでしょうね」と話していました。つまり、目で見、耳で聞き、手で触ることによって脳に伝えられた「ある一つの方向に向かう」という意識が、再び彼らの手足に戻り、手足を動かす強い衝動になっていないのですね。つまり、彼らの内にある、「方向」と「動き」、「動き」と「方向」を一致させる働きが弱いのです。また、このような子どもは、外から与えられる刺激から、過度に自分を守ろうとする傾向があります。そのために生まれる緊張感が、彼らの動きをさらに鈍《にぶ》くするということもある、とインゲンは言っていました。

さて、このような問題を抱えている子どもたちには、「動き」と「方向」が一致するためのエクスサイズをすることが必要です。そして、そのエクスサイズはいつでも美しさと調和に満ちたものであることが大切です。

エクスサイズを始める前に、子どもたちに伝えてください。……あなたが言ったことを繰《く》り返し言うこと……それから、動作を始めること……。そして、あなたが気をつけなければならないことは、……一語一語はっきりと話すこと……あなたの言ったことを子どもに繰り返し言わせ、子どもが理解していることを確かめ、それから行動させること……です。

エクスサイズ　1

子どもたちに、次のことを言い、させてください。このエクスサイズは椅子に腰掛けてします。はじめは一つの動作を、最後に二つの動作を組み合わせます。

・あなたの左手を見せてください。
・左手を挙《あ》げてください。
・左手を右手の上に置いてください。
・左手を右の耳にあててください。
・立ってください。そして、左まわりにくるりと1回まわってください。

くれぐれも一つひとつの動作をしっかりとさせること、動作と動作の合間をとることに気をつけてください。

子どもの様子はどんなだったでしょうか。話されたことをすぐに理解し、言われた動作を正しくできたのはどのエクスサイズだったでしょうか。できなかったのはどのエクスサイズだったでしょうか。気がついたことを是非、記録にとっておいてくださいね。

方向を示す

子どもに、両手をさげて、力を抜いてゆったりと立つように言ってください。そして、次のことを、あなたの言う順序通りするように言ってください。あなたが言ったことを必ず繰《く》り返させてくださいね。右でも左でも、子どもの利《き》き腕《うで》を使ってかまいません。すべてのエクスサイズを同じ腕を使ってください。そして、必ず指差した方を見るように言ってください。

・上を指差してください。（腕を曲げていたり、真っ直ぐ伸びていなかったら、あなたがお手本を見せてあげてください）
・下を指差してください。（真っ直ぐ床を）
・前を指差してください。（真っ直ぐ前を。くれぐれも横にそれないように）
・後ろを指差してください。（後ろに腕をまわして……できる限り腕を真っ直ぐに伸ばし、腕が上がったり下がったりしないように）
・右を指差してください。
・左を指差してください。

次に、部屋の中にあるものを指差す練習をしましょう。

・ドアを指差してください。
・窓を指差してください。
・電灯を指差してください。
・机を、テーブルを、本箱を、傘《かさ》立てを……。

部屋の中にある物を、次々と指差す練習です。この時も、必ず指差した方に目を向けることが必要です。

次には、目を閉じて、あなたに言われるように（覚えている限り）、指差す練習です。あなたは部屋の中にある物を、次々と言います。終わったら、子どもに目を開けるように言い、どれだけ合っていたか、一緒に確かめてください。違っていても決して責めるようなことばを言わないようにしてください。練習には笑いと楽しみが必要です。まるで方角が違っていたら、笑っちゃいましょう！　どんな時にも励《はげ》まし、勇気づけてあげてください。

簡単にできるようになるまで、この三つのエクスサイズを毎日続けてくださいね。

1、2年生のためのエクスサイズ

子どもたちに、両手を脇に下げ、両足を揃《そろ》えて立つように言ってください。そして、次のことをするように言ってください。子どもたちが動作を始める前には、必ず、あなたが言ったことを繰り返させてください。とても大事なことです。

・両足をそろえて前へ、一歩跳《と》んでください。
・後ろへ、一歩跳んでください。
・横へ、一歩跳んでください。（左右どちらでもかまいません）
・上へ、跳ねてください。
・左へ、一歩跳んでください。
・右へ、一歩跳んでください。

顔はいつでも前に向けたままです。跳ぶ順序は、いつも同じです。順序はあなたがしっかり覚えてくださいね。ジャンプした後には、必ず元の位置に戻るように言ってください。この時はジャンプする必要はありません。

9歳以上の子どものために

・右の方向に一歩、真横に跳んでください。
・いま立っている位置から、真後ろに一歩、跳んでください。
・今立っている位置から、左の方向へ一歩、真横に跳んでください。
・今立っている位置から、真ん前へ一歩、跳んでください。

子どもたちははじめの頃、フラフラするかもしれません。必ず、まっ直ぐに立ち、静止してから次の動作を始めましょう。このエクスサイズが終った時には、子どもは元の位置に戻っていなければなりません。子どもたちにとっては、正確に90度ずつジャンプをした後に、元の位置に戻ってくることは、大変なことです。

二つ以上の動作を同時に

さて、「方向」と「動き」の感覚を、同時に働かせて行為することに困難を持つ子どもたちにとって、もっとも難しいことを練習します。それは、二つ以上の動作を続けてすることです。はじめ、子どもたちは緊張して、混乱するかもしれません。こんな時は、お話をするのが一番です。

アンデルセン童話の「一本足の兵隊」に出てくる、鉛《なまり》の兵隊さんに助けてもらいましょうか？……おもちゃの鉛の兵隊さんが並んでいます。黒いあったかそうなフエルトの帽子をかぶり、赤い制服を着て、足には黒い皮の長靴をはいていますよ。さあ、女王さまのお出ましです！　兵隊たちは女王様をお迎《むか》えするために宮殿の玄関前まで行進し、一列に並びます……（あなたは上官、子どもは兵隊です。上官が命令します！）

・立って！　前に一歩進め！（二つのことを続けてします）

・一歩さがって！　敬礼！（二つのことを続けてします）

・一歩下がって！　両足を広げ！　手を腰に当てて休め！（三つのことを続けてします）

さあ、上手にできるようになったら、次の段階に進みましょう。今度は、バネ仕掛けの人形が登場します。……浩明くんは誕生日に、お父さんからバネ仕掛けの人形をプレゼントされました。ギリギリギリとネジをいっぱいに巻き、テーブルの上へ置くと、人形は前へ後ろへ、右へ左へ、手足をギクシャクギクシャク鳴らしながら、動きます。さあ、栄子ちゃんもバネ仕掛けの人形のように動いてみましょうか！……

・左へ一歩動きましょう。次に後ろに三歩下がってください。右へ四歩動いてください。そして後ろへ六歩下がってください。

・上へ跳んで。前へ三歩進みましょう。今度は後ろに5歩下がりましょうか。次は左へ一歩跳んでください。次は後ろへ三歩下がってください。最後はもう一度、高く跳ねましょう。

楽しいですねえ！　時には草競馬《くさけいば》の馬になって速く走り、時にはゆったりゆったり牧場で草を食《は》んでいる牛になり、時には台所からチーズのかけらを必死になって運ぶネズミになり……楽しいことはいくらでも思いつきますね！

東西南北

子どもたちはまた、東西南北の方角を学び、それぞれの方角に「動く」ことができるようになることも必要です。まず、子どもと一緒に、紙の上で東西南北の方角を確認するといいですね。紙にはただ東・西・南・北と、文字で書くだけではなく、東には山の陰から昇ってくる太陽を、西には水平線に消える太陽と一番星を、南には真っ赤な太陽と向日葵《ひまわり》を、北には強い風に吹かれてしなる樅《もみ》の木を描き、子どもの内に、東西南北の生き生きとしたイメージを与えてください。勿論《もちろん》、お話をしてあげたら、もっともっと良いですね。東は「清清《すがすが》しい朝」、西は「ちょっと寂《さび》しい夕暮れ」、南は「熱い夏」、北は「容赦《ようしゃ》なく吹く冷たい冬の風」のイメージでしょうか？

　絵を描き終えたら、今度は部屋の中から、どちらの方角が東西南北なのか、示してください。そして、家中を廻《まわ》り、玄関の前で、裏庭で、寝室の窓から庭に向かって、台所の裏口で、お風呂場で……というように。

　5年生以上の子どもたちには、コンパスを使って練習するのも良いでしょうね。いつもコンパスを持って歩いて、行く先々でコンパスを取り出し、今いる所から、東の方角はこっち、西はこっち……と確かめることができたら、方角を知ることを子どもはどんなに嬉しく、誇《ほこ》らしく思うことでしょう。それがきっかけになって、上手に「動き」と「方向」を結び付け、そして行動することがたやすくできるようになるかもしれませんよ。家からずっと離れたところにある教会の塔《とう》、工場の煙突、高圧線の鉄塔、堤防の先に見える灯台《とうだい》……どちらの方角にあるでしょうか？

外に出かけましょう

　お出掛けしましょう！　出掛ける前に、子どもには、曲がる場所を話しておいて下さいね。「まず、郵便局の角で右に曲りましょう。五郎君の家の角では左に曲りましょう。スーパーマーケットの前を歩いて十字路に出たら、南に向かいます。南の方向を確かめるために勿論《もちろん》、コンパスを出して調べてね。橋を渡ったら、次は西へ向かいます……」というように。子どもが「いったいどこへ行くの？」と聞いても「さあて、どこへ行き着くのでしょうか？　目的地の分らない散歩です」と答えてください。これは、冒険なのです！　勿論《もちろん》、あなたは分っているのですよ！　でなければ、子どもに指示が出せませんものね。道中は、必ず子どもをあなたの前に歩かせてくださいね。行っていらっしゃい！

上と下

子どもに両足を揃《そろ》えて、両腕を脇にあてて立つように言ってください。そして、しばらくの間、静かに、そして動かないように……。

・ゆっくりと右足を上げてください。

・そのまま、左足で立ってください。

・わたしが3秒数えます。ぐらぐら動かないようにしてください。

・1、2、3。

・右足をゆっくり下ろしてください。

足をあげる時、子どもはきっと実際より高く足をあげたように感じるでしょう。下ろす時も実際より足を低く下げたように感じます。子どもの動きをよく見て、子どもの動きに合わせて指示してくださいね。「さあ、ゆっくり足をあげて……」「ゆっくり、足を下げて……」というように。そして、馴《な》れてきたら、片足で立っている時間を、少しずつ長くしていってください。馴れてきたら、手の動きも加えて下さい。でも、とても難しいので、決して無理せず、焦らずに。

水平方向

次のエクスサイズは身体のさまざまな部分と、身体の「動き」を結びつける練習です。この練習を始める前に、子どもが身体のいろいろな部分の名前を知っているかどうか、確かめてください。知らない時は教え、そして、覚えるまで待ちましょう。子どもたちにとっては、特に、手首、肩、肘《ひじ》、膝《ひざ》、踵《かかと》などは分かりにくいものです。このエクスサイズをする時に、前と同じように、あなたが言うことを子どもに繰《く》り返し言わせてから、動作に移るようにさせてください。

床の上に仰向《あおむ》けに寝るように言ってください。そして、一つの動作が終わったら、必ず、「元に戻して」と言ってくださいね。

・右腕をあげてください。（腕を元に戻しましょう）
・左足をあげてください。（足を元に戻しましょう）
・左腕をあげてください。（腕を元に戻しましょう）
・右足をあげてください。（足を元に戻しましょう）
・右腕と左足を一緒にあげてください。（腕と足を元に戻しましょう）
・頭をあげてください。（頭を元に戻してください）
・両膝《りょうひざ》をあげてください。（両膝を元に戻しましょう）

身体のいろいろな部分を、次々と指示して続けてください。

このエクスサイズができるようになったら、次の応用編に進んでください。

1　右のエクスサイズをする間、子どもたちに軽く目をつぶるように言ってください。

2　子どもたちに身体の右側面を床につけて、横になるように言ってください。その位置でエクスサイズをさせてください。

これは大変難しいエクスサイズです。やってみたらお分りになると思いますが、身体の「前」と「上」（天上の方角）とを取り違える子どもが多くいます。

垂直方向

子どもたちには椅子に腰掛けてもらいます。そして、あなたの言う通りに、身体のいろいろな部分を触《さわ》ってもらいます。必ず両手を使うように言ってください。

・鼻とくるぶしをさわってください。
・左の耳とあごをさわってください。
・首のうしろと右のほっぺをさわってください。
・右の足首と胴《どう》（ウエスト）をさわってください。
・お腹とお尻をさわってください。
・両肩と両ひじをさわってください。

次々と、身体のあらゆる部分を二つずつ組み合わせて触らせてください。これができるようになったら、次は立ったままでさせてください。次には目をつぶって同じエクスサイズをさせてください。

次はもっと難しくなります。あなたと子どもとが向き合って立ってください。そして、目をつぶったまま、あなたの身体の部分を、あなたに言われた通りに触るように言ってください。

・鼻と髪の毛
・あごと耳
・左手と右手
・右膝《ひざ》と頭
・左肩と両目
・左のくるぶしと左の手首

あなたが指示する時は、ゆっくりと、そして、よどみなく。指示する時につまったり、迷ったりしないことが大切です。

輪郭《りんかく》

このエクスサイズは、どの子どもも喜んで、楽しんでします。壁《かべ》に大きな白い紙を貼《は》ってください。そして、壁にぴったり背中をつけて立つように、子どもに言ってください。そして、あなたがクレヨンを使ってその紙の上に、子どもの身体をなぞって、身体の輪郭《りんかく》を描いてください。描き上がったら、子どもに見せてください。

さて、エクスサイズを始めましょう。あなたが描いた子どもの身体の輪郭《りんかく》の中に、あなたが言う通りに、身体の部分を描きこむよう、子どもに言ってください。あなたは身体のさまざまな部分を大きな声で言ってください。子どもが描き終わるまで待って、次の指示をしてください。ただし、子どもによっては、丹念に、丁寧《ていねい》に描こうとしますが、あまり時間がかかり過ぎるようでしたら、終わりにするよう優しく促《うなが》して、次に進んでください。

身体の部分を描き込み終わったら、今度は身に着けている物を描きます。髪飾り、腕時計（つけている腕に正確に描くように注意してください）、指輪（同じです）、シャツ、セーター、ズボン、ソックス、靴等など……。

８歳以下の子どもには、片手だけを紙の上に置いてなぞってその輪郭《りんかく》を描き、あなたが言う通りに、それぞれの部分に名前を書き込んでもらいます。はじめはあなたが輪郭《りんかく》を描き、次には子どもに描かせてください。「方向」と「動き」に困難を感じる子どもにとっては、紙の上に手を置き、その輪郭《りんかく》をクレヨンでなぞることも、なかなか難しいものなのです。

指の練習

これはかなり進んだ段階でするエクスサイズです。難しいので、辛抱強く練習を重ねる必要があります。これができるようになると、子どもは自分の意志で自由に身体を動かすことができるようになります。

1 まず、左手から始めましょう。軽く拳《こぶし》をつくるように言ってください。それからゆっくりと、親指を出します。次に人差し指を出します。次は中指を、薬指を……一本ずつです。

2 親指を出します。そして時計まわりにゆっくりまわすように言ってください。次は人差し指をまわします。次は中指です。こうして次々と指を一本ずつまわします。

3 1でした練習と同じことを、右手でします。

4 2でした練習と同じことを、右手でします。ただし、今度は指を時計と反対まわりにまわすように言ってください。左手と同じように親指から始めます。次に人差し指を、中指を。

5 次は、左手の指と右手の指を同時にまわします。左手の指は時計まわりに、右手の指は時計と反対まわりに……です。全部の指を使って練習してください。

6 最初は片手から始めます。どちらの手でもかまいません。手を広げて前に出します。あなたの言う通りに、指を動かすように言ってください。さあ、始めましょう。「人差し指を動かしてください」「小指を動かしてください」……。それができるようになったら、今度は両手で練習します。「左手の親指を動かしてください」「右手の薬指を動かしてください」……。

7 お祈りをするときのように、両手を合わせ指を組みます。子どもには、あなたが言う通りに、指を動かすように言ってください。「右手の中指を動かしてください」「左手の親指を動かしてください」両手の十本の指を全部動かします。

8　両手を前に伸ばしてください。手首をひねって両手を組んでください。そのままくるっと胸の前にもってきてください。そして、子どもたちにはあなたが言うように、指を動かすように言ってください。あなたも子どもの頃にしませんでしたか？　手首をひねっているので、左手と右手を錯《さっ》覚《かく》してしまう、あの遊びです。

追記

このような困難を持っている子どもたちは、対角線を動くことも大切です。いろいろなエクスサイズに対角線の動きを取り入れることができますので、試してくださいますか。

まだまだありますが、今回はこれくらいにいたしましょう。教室でクラスメートの動きについてゆけず、いつもウロウロしている子どもがいたら、このエクスサイズを順序を踏んで試してください。簡単にできるようでしたら、次々と進めてください。そして、難しいエクスサイズに出会ったら、そこからゆっくり、繰り返し練習してください。

分らないこと、はっきりしないことがありましたら、ご質問くださいね。

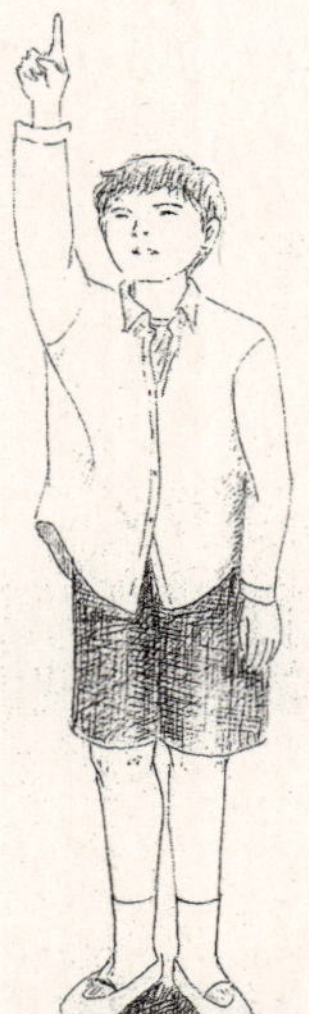

わたし自身を知るための6つのエクスサイズ（3）

「感情」のありかたを知る

「感情」をわたしの意志で決めた方法で表現する。
世界が、宇宙が感じる「真の感情」を感じるようになる。
このふたつの目的を持ったエクスサイズをご紹介します。
地球上のすべての人が調和の内に生きられるように、
是非、ご一緒に始めましょう!

「わたしは感情の起伏《きふく》が激しくて、とても苦労しています」「わたしは感情にまかせて声を荒らげたり、思わず子どもに手を出してしまうことがあるんですよ。この性格をなんとか直したいのですが……」「短気で困っています。父親がとても短気で、わたしは子どもの頃、しょっちゅう怒鳴《どな》られたり、叩《たた》かれて悲しい嫌な思いをしていました。だから、わたしはそうなるまいと思っていたのに……。気が付いたら自分の子どもに、自分が父親にされていたことをしているんです。どうしたらいいんでしょう……」

こんなお便りをたくさん頂きます。Q&Aにも書いたことがありますが、実はわたしもとても短気で困っています。気の張る人と話をしたり、一緒に仕事をする時は、たとえ相手に対して不愉快な思いや、憤《いきどお》る思いが湧《わ》いてきたとしても、いくら短気なわたしでもたかぶる感情を何とか抑《おさ》えて、他の方法で表現することができます。が、向き合う人が近しい人であればあるほど、それは難しく、わたしは荒々しい気持ちをなかなか抑《おさ》えることができません。

わたしが、こんな気質を嘆《なげ》くのを聞いて、友人の一人はこう言いました。「いいわねえ、あなたは自分の気持ちをストレートに出せて……。どんなに気持ちがスカッとするかしら！　わたしも一度でいいから、思いのたけをぶつけてみたいわ！」……彼女はいつも物静かで、穏やかな表情を浮かべています。彼女が荒々しい口調で話すのを、わたしは聞いたことがありません。そんな彼女を見ていて、「前世でも今生《こんじょう》でも、相当な修行を積んでいて、人の言動に対して不快な気持ちになったり、反感を持ったり、怒りを感じることがないのだろうなあ」とわたしは心底羨《しんそこうらや》ましく思っていました。彼女の様子を見ていると、腹が立っているのに、心に波風が立っているのに、それでも我慢して心の内を見せないように装《よそお》っているなどとはとても思えなかったのです。でも、事実はそうではありませんでした。彼女も心に不快な思い、怒りの思い、屈辱《くつじょく》の思いを抱え、それを表せずにいたのですね。

勿論《もちろん》、世の中には十分な修行を積んで、或いは生まれつき穏やかな心を持っていて、「感情」の在り方が問題にならない人もいるでしょう。そんな人は、「感情」によって煩《わずら》わされることもないでしょう。けれど、わたしたちの多くは、己の「感情」の揺《ゆ》れに、「感情」の嵐に、「感情」の熱に、「感情」の起《き》伏《ふく》に悩み、苦しんでいるのではないでしょうか。あるいは、向き合っている人がぶつけてくる「感情」に驚き、傷つき、歎《なげ》いているのではないでしょうか。そして、「感情」が引き起こす問題に対して、また更にわたしたちの「感情」が掻《か》き乱される……こんなことを毎日繰り返し体験しているのではないでしょうか。これほどわたしたちは「感情」に支配され、「感情」に翻弄《ほんろう》され、「感情」に苦しめられているように思えます。

昨年、わたしたちは共に「ルドルフ・シュタイナーの人間観」を学びました。シュタイナーの人間観によりますと、わたしたち人間はだれでも「身体」と「生命体」と「感情体」と「自我」を持っています。その中でも「身体」はもっとも完成に近く、精《せい》巧緻密《こうちみつ》に作られています。身体のどの部分をとってみても、その精巧《せいこう》さ、緻密《ちみつ》さ、完成度の高さに感嘆するばかりです。

今、わたしはコンピューターに向かっています。キーボードを叩《たた》いているわたしの指を眺《なが》めながら、一本一本の指の精巧で素晴らしいつくりに、心の底から感嘆しています。骨、筋肉、血管、神経、爪、関節、皮膚……宇宙に充満したすべての叡智《えいち》が結晶したものであるとしか思えません。この一本一本の指は、永い、永い、永い時間をかけて、これほどまで完成度の高いものとなったのでしょうね。

気の遠くなるような永い永い人類の進化の過程で、「身体」の次に人間に具《そな》えられたものが「心」です。そして心の中で「感情体」が働き、わたしたちの「心」の中にさまざまな「感情」が生み出されます。わたしたちの「感情」は、反感と共感に満ちています。共感はわたしたちに美しさ、楽しさ、嬉しさ、好ましさ、誇り、感謝、尊ぶ心、憐《あわ》れみ、思いやり、労《いた》わり、慈《いつく》しみ、親しみ、慰《なぐさ》め、感動、歓《よろこ》び、安らぎ、満足を感じさせます。反感はわたしたちに醜《みにく》さ、正義、不正義、善、不善、悪、虚偽《きょぎ》、よこしま、ひがみ、いじけ、ひねくれ、恥《はじ》、屈辱《くつじょく》、さげすみ、みくびり、あざけり、憎しみ、嫌悪、嫉妬《しっと》、恨《うら》み、わだかまり、差別、批判、悲しみ、憂《うれ》い、嘆《なげ》き、悔恨《かいこん》、苛立《いらだ》ち、焦燥《しょうそう》、恐れ、怯《おび》え、恐怖、躊躇《ちゅうちょ》、怒り、僻《ひが》みを感じさせます。

わたしたちのこのようなさまざまな「感情」は、「感情体」の働きによって生み出されるものです。わたしの「心」にいつ、どこで、どのような「感情」が沸《わ》きおこってくるか……。日々の生活の中でそれを予測することは、本当に難しいとわたしたちは感じています。

ふっと目を空に向けると、そこに大きな虹を見つけ、わたしの「心」は大きな喜びにつつまれます。道を歩いている時、垣根の向こうから沈丁花《じんちょうげ》の香りがただよってきて、幼い頃暮らしていた古い大きな家を思いだし、懐《なつ》かしさに涙が込み上げてきます。2階の書斎でもう3時間もパソコンに向かい続け、いささか疲れてきました。そんなわたしの耳に、パートナーが弾くギターの音が聞こえてきます。そのメロディーと軽快なリズムと澄んだ音色《ねいろ》に、わたしの心はほっと和《なご》みます。その瞬間、エンジンの音を轟《とどろ》かせて、大型のトラックが家の前を通り過ぎました。ほっとした気持が萎《な》えて、わたしは「ああー」と溜息《ためいき》をもらします。

このように、多くの場合、沸《わ》きおこってくる「感情」を、わたしはどうすることもできません。気が付いた時には、向き合っている人が発した、たった一つのことばに、天を衝《つ》くような怒りを感じていたり、頬《ほお》をなでる風に微笑んでいたり、水辺で遊ぶセキレイの姿に心を寄せていたり……。なんの前触《まえぶ》れもなしに、わたしの「心」に沸《わ》き起こる「感情」を、わたしはどうすることもできないのです。けれど、その「感情」を、どのように表わすか、どのようにコントロールするか、ということを、わたしは決めることはできます。わたしの「心」を占めている、「感情」を無視するか、押し殺すか、違う形で表わすか、それともそのままストレートにことばに表わすか、表情に表わすか、行為で示すか……ということを、わたしは決めることができます。

けれど、「わたしは悲しむ人と共に悲しみ、絶望する人と共に絶望したい」「わたしは悲しみを通じて、人に心を寄せる人になりたい！」「苦しみを味わうことになるから、この感情を感じるのは止めておこう」「今、もし喜びを感じてしまったら、わたしはきっとこれ以上努力しなくなるだろう。だから、もうちょっと後になった時、この喜びの『感情』が生まれてくるようにしよう！」などと考え、その結果、「感情」が生まれてくるように促《うなが》したり、生まれようとする「感情」を止めたり、閉じ込めることはわたしにはできません。

生まれてくる「感情」を、今、わたしたちの能力を以って、わたしたちの意志で、わたしたちの思考の力によって変えたり、消したり、押し止めたりすることはできません。

わたしたちは「心」の内に湧《わ》き起こってくる「感情」を、どうすることもできません。湧き起こるがままに、溢《あふ》れ出るがままに、流れ出るがままにするしかないのです。

わたしは「感情」に翻弄《ほんろう》されてしまう状態にあるように思えます。進化のプロセスに在るわたしたちの「感情」が、今のような在り方をしている限り（このような在り方をいけないと言っているのではありません）、「感情」にどのように向き合うか、ということは大きな課題だと、わたしは考えるのです。

皆さまはどのように考えておいでですか？「それは、『感情』が、わたしたちを構成している『身体』と『生命体』の次に具《そな》えられたものであり、まだ『身体』と『生命体』ほどには完成されていないためだ」と、ルドルフ・シュタイナーは言っているのですよ。

「感情体」の他にわたしたちには「自我」も具《そな》えられています。そして、「感情体」よりも後に具えられたものであるために、「自我」は「感情体」よりさらに未完成なのですね。ですから、「自我」よりも完成されてはいますが、「身体」や「生命体」に比べると「感情体」はまだまだ完成の途中にあると言えます。

という訳で、わたしたちの「感情体」は未だ完成されてはいず、わたしたちが「感情」に振り回されたり、「感情」に翻弄《ほんろう》されたり、「感情」のままに振る舞うことは、無理のないことだとも考えられます。ですが、その一方で、すでに真の「感情」を感じている人もいます。「好き」とか「嫌い」とか、「気に入る」「気に入らない」というような、わたし個人の「感情」ではなく、世界が、宇宙が感じている「真の感情」を自分のものとしている人が、この世にはいるのです。そのような精神の進化を、すでに遂《と》げた人がいるということは、努力さえすれば、いずれ「真の感情」を獲得することができる可能性が、わたしたちの内にも秘められている、ということなのですね。

是非、この機会に、わたし個人の悲しみではなく、わたしだけの喜びでもなく、わたしだけが感じている憤《いきどお》りでも悲しみでもない、「真の感情」を感じるということがどんなことであるかを、ご一緒に考えましょう。そして、その「真の感情」を獲得したいと望むのであれば、そのために努力を始めようではありませんか。願わくば、「真の感情」を感じる体験ができますように！「感情」のエクスサイズとは、まさにその「真の感情」を獲得するための練習なのです。

もう皆さまはお分かりですね。今から皆さまとご一緒に始める「感情」のエクスサイズには、二つの目的があります。

一つめの目的は、わたしの心に湧《わ》いてきた「感情」を、どのように表現するか、ということを自分の意志で決めることです。つまり、願いが叶《かな》った喜びで舞い上がったり、仕上げた仕事の出来を誉《ほ》められて有頂天《うちょうてん》になったり、忘れたことを咎《とが》められてしょげたり、パートナーと意見が対立して気持が萎《な》えたり……というように、沸《わ》き起る感情を、無意識のまま表に出すのではなく、わたしが感じる喜び、嬉しさ、悲しみ、落胆《らくたん》を、表現するのかしないのか、するとしたらどのようにするのか、あるいはまったく表現しないのか……ということを、自分で決める力を獲得するためのエクスサイズです。

ことばを変えると、「感情」に支配されるのではなく、わたしがわたしの「感情」を支配することができるようになるためのエクスサイズです。「長い時間を費《つい》やして、わたしはとうとう念願の本を読み通すことができた！　この喜びと誇《ほこ》りをどう表現しよう」「わたしが必要だと確信してしたことを、非難された。本当に悲しい！　わたしはこの悲しみをどのように表現したらよいだろう」「あの人の一言で、わたしの心はまるで大風が吹きすさぶ海に抛《ほう》り出されたかのように波うっている。この『感情』をどうしようか」……と考え、自分の意志で決めることができるようにするためのものなのです。

二つめの目的は、わたし個人の「感情」ではなく、世界が、宇宙が感じる「真の感情」を感じるようになるためのものです。わたしの感じる「感情」は今、殆《ほとん》どがわたし個人のものです。その「感情」は、わたしの思い方の癖《くせ》、わたしの気質、わたしの物事の捉《とら》え方に左右されます。あるいは、その時わたしが居る環境にも影響されます。1週間も陽が射さない暗いじめじめした日が続いた時、わたしは憂鬱《ゆううつ》な気分になります。でもそんな時に鈴木茂吉の詩を読むと、彼の詩の中には明るい光が満ちていることを感じ、心が温かくなります。静かに考え事をしている朝、お隣の新築工事が始まるとわたしの気持が揺《ゆ》らぎます。でもそんな時、空を見上げると、そこにはしーんとした静謐《せいひつ》な気が満ちています。人の生命を奪い、人を傷つけた15歳の少年の行為にわたしは激しく憤《いきどお》り、歎《なげ》き……でも、少年の姿をじーっと見つめると、そこには苦悩しながら進化を遂げようとしている、気高い精神が見えます。身を寄せる所もなく、頼る身内を失い、辛うじて生きてゆけるだけの食べ物と、着る物が与えられている、悲惨な状況に在るコソボの子どもたちの姿を見て、わたしは慟哭《どうこく》します。けれど、彼らの瞳に見つめられると、そこに人間としての彼らの厳《おご》かな本性が感じられ、わたしはしっかり生きてゆこうと、襟《えり》を正します。

このように、わたし個人の「感情」ではない「真の感情」、状況や、環境、わたしの個性に左右されない「真の感情」を感じられるようになるために、わたしたちはこのエクスサイズをします。

エクスサイズ　1
「肯定的な感情に注意をはらう」

わたしたちの「感情」は始終揺《ゆ》れ動いています。……子どもがどろんこだらけの小さな手を、わたしに向かって振ってくれました。わたしの心はその可愛い仕草《しぐさ》に和《なご》み、わたしは全身で喜びを感じました。と、次の瞬間、彼女に向かって来る大きな犬が目に入りました。そして、わたしの心は恐怖でいっぱいになりました。犬が子どもに向かって走り出したことに気が付いた飼い主が、ピューと口笛を吹きました。その途端《とたん》、犬は立ち止まり、飼い主の方に戻って行きました。わたしはほっと安堵《あんど》しましたが、同時に、犬の飼い主に感謝する気持が湧《わ》いてきましたが、同時に、「犬は綱から放さなければいいのに……」という気持がこみ上げてきました。まだ不安そうにしている子どもの傍《そば》に行き、抱きしめてあげました。わたしの胸にしがみついてくる彼女を、心の底からいとおしく思いました……

このわたしの「感情」の揺れは、わずか1分の間のことでした。ことほどさように、わたしたちの「感情」は留まらず、揺れ動いています。

さて、四六時中、上に下に、前に後ろに、右へ左へと揺れ動いているわたしたちの「感情」の在り方に、よーく注意を払ってください。そして、あなたが感じる肯定的な「感情」を拾い上げてください。

そして、もし、あなたが誰か、人と一緒にいるのであれば、その「感情」をその人に向かって表現するのです。昇ったばかりのぴかぴかの太陽が美しい、と感じたなら、彼に向かって「なんて美しい朝陽！世界のすべてを祝福しているようだわ」と言いましょう。カーテンの裾《すそ》をひらひらと揺《ゆ》るがせている海風を気持ちが良いと感じたら、「気持がいいわねえ！風がカーテンと遊んでいる！」と言いましょうか。軒《のき》を打つ雨の音に心が落ち着くのを感じたら、「静かな雨。わたしの心の騒音をみんな吸い取ってくれるわ」と……。

もし、あなたが感じた肯定的な「感情」が、その人に関わることであれば、あなたの「感情」にとっても、あなたと相手の関係にとっても、正しく公平な方法で表現するように努めてください。大げさなことばを使わず、あなたの「感情」を正確に伝えることばを選んでください。そして、お世辞ではなく、嬉しがらせるのではなく、媚《こ》びるのでもなく、恥ずかしがらず、照れず、もじもじしないで、あなたがその人に感じた肯定的な「感情」を伝えましょう。

「あなたが立っている姿、凛《りん》としてとても素敵だわ」「今日の髪型、柔らかくてよく似合うわね」「昨日お願いしていたこと、早速してくださってありがとう」「今日の発表の内容、とっても良かったわ。力強くて確信に満ちていたわ。よーく準備してきたのね」「玄関の靴をそろえてくださったの、あなたでしょう？　いつもありがとう」……たくさん、たくさんありますね。生まれついての性格でしょうか。それとも、わたしの周りに誉《ほ》めることが上手な人がいたためでしょうか。それともアメリカで暮らしていた時間が長かったためでしょうか。肯定的な「感情」を表現することを、わたしはさほど難しいとは感じません。「祐子さんはよく誉めてくれるから嬉しい！」「祐子さんの『ありがとう』大好きです」「祐子さんに感謝されると、またその気になっちゃうからなあ！」と、「ひびきの村」の若いスタッフは言います。乗せられて、その気にさせられて、つい頑張ってしまうことを、彼らは時に「うーん」と思っていることでしょう。ともかく、人によっては、肯定的な「感情」を表現することはとても難しいことだということも知っています。そういう人にとって、わたしのような人間は、へらへらしているように見えることもあるかもしれません。わたしの父は、わたしのこのような在り方をとても嫌っています。わたしは心から感じていることだけを言っているのですけれど……。もっともっと注意して、わたしの感じた「肯定的な感情」を正確に伝えるよう、努力したいと考えています。

　皆さまもやってごらんになりませんか。

エクスサイズ　２
「あなたが反感を感じる人は?」

　もうひとつの方法はまったく反対のやり方です。よーく考えください。あなたが日頃反感を持っている人はいますか?「よーく考えるまでもありません。だって、わたしは始終その人のことが気になって心が落ち着かないんですもの……」というあなたの声が聞こえてくるようです。そうですね、だれにでも、気になる人が、一人や二人はいるのでしょうか。反感とまではいかないけれど、他の人が同じことを言ってもそう気にならないことを、その人の口から聞くと「うっ……」と詰《つ》まる。他の人に頼まれれば喜んでできることも、あの人から頼まれると、どうも、と躊躇《ちゅうちょ》する。あの人の言うことはなんとなく信頼が置けない。あの人と話すことを考えると、勉強会に行くことが億劫《おっくう》になる。

　あなたにもいますでしょう? そう、そういう人を選んでください。あなたが、できることなら避《さ》けたいと考えている人です。できることなら関わりを持ちたくない、と思っている人。なるべくなら顔を合わせたくないと願っている人を選んでください。そして、その人と会う機会を持てるよう、関わるチャンスを作るように努力するのです。

　朝、ほんの一瞬顔を合わせるだけでいいのです。「おはよう」と挨拶してください。職場に着いて、席に向かう途中、彼女の後ろを通るようにするだけでいいのです。そして「元気?」と声をかけてください。傍《そば》に行くのがしんどかったら、にっこり笑って遠くから手を振ってください。そうしているうちに……書くのは止めましょうね。あなたの「心」にどんな変化が起きるか……楽しみにして、このエクスサイズをなさってくださったら良いと思います。これだけでも、「感情」を表現することにおける成長を促《うなが》してくれるはずですよ。

くれぐれも、あの人に好感を持ってもらうために、ではなく、あの人と仲良くなるために、でもなく、あの人を励ますためにするのではないということを、強く意識してください。あなたはこれを「感情」のエクスサイズとしてするのです。

このエクスサイズを始めると、あなたの「感情」がどのような在り方をしているか、はっきりしてくるに違いありません。つまり、あなたの感じる「感情」……苛立《いらだ》ち、焦《あせ》り、怒り、屈辱《くつじょく》、蔑《さげす》み……は、「すべてをわたしの思い通りにしたい」という、あなたの内にある「支配欲」から生まれるものなのか。あなたの感じる……誇り、喜び、励《はげ》み、楽しさ、平静さ……さえも、「すべてがわたしの思い通りになった」という、あなたの「支配欲」が満たされたためなのか。それを理解することはとても大事なことなのです。

そして、また同時に、あなたの家族、仕事場やサークルの人たち、あなたの抱えている問、あなたのまわりの景色など、あなたをとりまく生活のすべてと関わることで生まれてくる、あなたの「感情」に対して、あなたの意識がはっきりとしてくることに気が付かれることでしょう。わたしが喜びを感じる時は、いつ、どこで、どんなことをしている時、誰といる時、どんなことを聞いている時、どんなことを話している時なのか、ということが明らかになります。同じ場所にいて、同じことをしていても、この人といる時わたしは幸せを感じ、あの人と一緒では嬉しくない……わたしを発見するでしょう。

「ありのままの姿でよいのです」「あなたが感じる『感情』をそのまま表現しなさい」「あなたの『感情』を隠すことも、偽《いつわ》ることも必要ありません」と励ますカウンセラーがいます。また、「わたしは、わたしがしたいように、わたしの『感情』を表現する権利があります。もし、それをあなたが気に入らないのなら、それはあなたの問題です」「あなたがわたしの在り方を気に入らないのなら仕方がないわ。こういうわたしを受け入れるか、受け入れないか……どちらにしても、これが本当のわたしなんだもの」という態度を奨励《しょうれい》する精神科の医者もいます。また、どんなに他者を侮辱《ぶじょく》する「感情」であっても、人を侮《あなど》ることばであっても、人をひどく傷つける態度であっても、そのまま吐《は》き出すように勇気づけているセラピストもいます。

　シュタイナーの示してくれるこのエクスサイズは、そういうものではないとわたしは考えています。わたしが感じるわたしの「感情」を、そのままぶつけたり、表わすのではなく、わたしの意志で決めた方法で表現すること。そして、わたし個人の「感情」を越えて、世界が、宇宙が感じる「真の感情」を感じることができるため、わたしはシュタイナーの示してくれた道を歩いて行きたいと思うのです。

　地球上で暮らすすべての人が、自らの「感情」をどのように表現するかということを、自らの意志で決めることができ、世界の、宇宙の「真の感情」を、自らの「感情」とすることができるようになったら、わたしたちは対立することもなく、争うこともなく、調和の内に生きることができるに違いありません。そのためには一千年、一万年、いいえ、一億年もの永い時間が必要かもしれません。でも、そのための一歩を、いつか、わたしたちは踏み出さなければならないのです。

　今がその時、と思われる方は、是非、ご一緒に始めましょう！

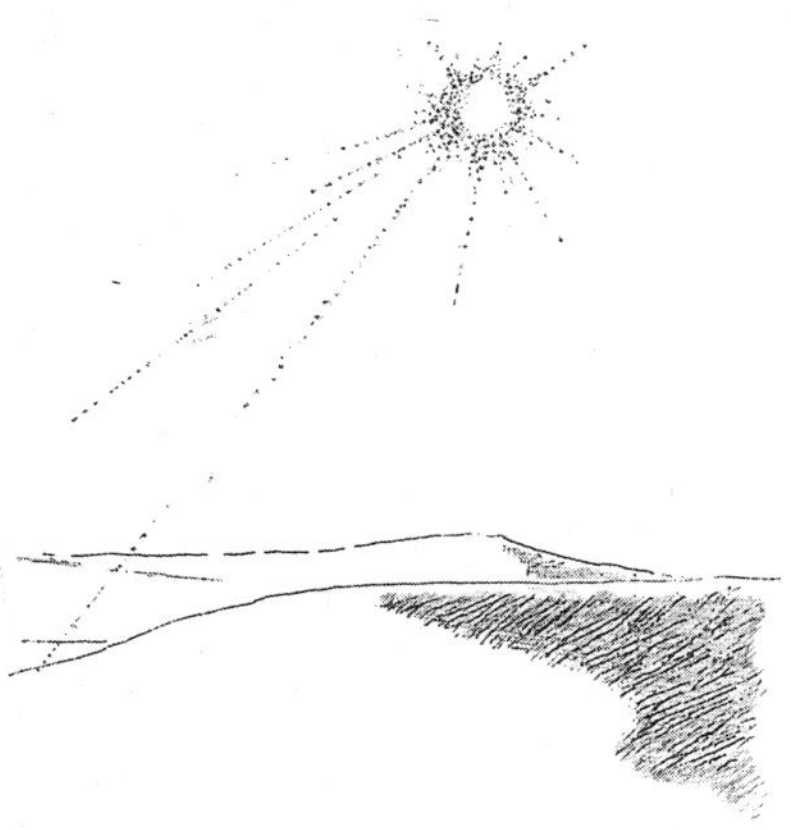

ペタゴジカル
ストーリー

お話の持つ力

「きょうだい喧嘩《げんか》はやめましょうね」

petagogical story《ペタゴジカル ストーリー》：直訳すると、教育的なお話。ここでは、心から「そうしよう！」と思えるように導く創作物語の意味。

「うちの子どもたちは喧嘩ばかりしているんですよ」
きょうだい仲良くしてくれたらどんなに嬉しいことでしょう。
ササンガとモモンガのきょうだい喧嘩のお話を聞いてみませんか？

「せっかく、縁《えん》があってきょうだいとして生まれてきたのに、うちの子どもたちは喧嘩《けんか》ばかりしているんですよ」「なんで仲良くできないんでしょうねえ。情けなくなります」「わたしが子どもの頃も、こんなにきょうだい喧嘩《けんか》をしていたかしら？　うちの子どもたちの喧嘩は凄《すさ》まじいんですよ」こんな声をお母さん方からよく聞きます。本当に、きょうだい仲良くしてくれたらどんなに嬉しいことでしょう。

わたしの二人の息子たちは、8年離れて生まれてきました。弟はなんでもできるお兄ちゃんを心から尊敬していましたし、お兄ちゃんはようやくできた弟をとても可愛がっていました。ですから、お互いに張り合うこともなく、ひどく争うこともありませんでした。でも、お兄ちゃんが弟にちょっかいを出して泣かす、いらいらさせるということはしょっちゅうありました。そんなときわたしは、「どうしておにいちゃんは弟のいやがることをするのかしら？次郎がこんなにいやがっているのに……」「弟のいやがることをするなんて、いやな子ねえ」と思っていました。でも、あるとき、「おにいちゃんは、弟がうらやましいんだ」「ちいさくて、皆に可愛がられている次郎を羨《うらや》ましいと思っているんだ」ということに、わたしは気がついたのです。

今思うと、8年経って生まれてきた弟を、周囲の大人が皆可愛がり、お兄ちゃんには十分に気持を向けていなかったのだとつくづく思います。それを一郎はどんなに悲しく思ったことでしょう。辛かったし、寂《さび》しかったのですね……ぼくも弟を可愛いと思う、いつもやさしくしてあげたいと思う。でも、ぼくだって可愛がってもらいたいんだ、ぼくだってお母さんの膝《ひざ》のうえにのりたいんだ、ぼくだっておとうさんに抱っこしてもらいたいんだ。ぼくの気持をだれも分かってくれない……もし、おにいちゃんが2歳や3歳だったら、わたしたちはもっと配慮したかもしれません。もう、小学2年生だから、という油断する気持が、わたしにも他の大人にもあったのだと思います。勿論《もちろん》、彼が弟を可愛いと思う気持は人一倍持っているということも分かっていました。でも、皆に可愛がられている弟が羨《うらや》ましい、憎らしい……その複雑な気持をおにいちゃんは「苛《いじ》める」、「ちょっかいをだす」という行為でしか表すことができなかったのだと、今になってつくづく思うのです。そんな簡単なことが分かってあげられなかったわたしの至らなさが身にこたえます。

やくそくしようね！

ある森のはずれに、きこりのおとうさんとおかあさんと、ササンガとモモンガというきょうだいが暮らしていました。ササンガは6さい、モモンガは4さいでした。

　ある朝のことでした。おとうさんが山へ出かけようとしていると、「ヒーッ」というさけび声がきこえてきました。おとうさんが大急ぎでこどもたちのへやに行くと、ササンガに髪の毛をぐいっとひっぱられたモモンガが泣いているのでした。

　おとうさんは黙ってモモンガを抱き上げ、髪をなでました。そして、もう片方の腕でササンガを抱き上げ、ほっぺたにキスしました。「なかよくするんだよ」。そう言って、おとうさんはふたりを抱いたまま、ドアをあけて外に出ました。庭ではお母さんがせんたくものを干していました。おかあさんの前でふたりを地面におろし、もういちど子どもたちのほっぺたにキスすると、おとうさんは斧《おの》を手に取り、お弁当をもう片方の手に下げて、森の中にでかけていきました。

さて、おとうさんが出かけたあとも、ササンガとモモンガはおもちゃを取り合っては叩《たた》き合い、肩がふれたといっては悪口を言い合い、水のみ場では先をあらそってとっくみあいをし……もうみなさんも気が付いたことでしょうが、ふたりはとても仲のわるいきょうだいだったのです。毎日毎日、朝から晩までこんなふうでしたから、おかあさんはもうあきれてしまって、ふたりがどんなに言い争っても、殴《なぐ》り合っても、どんなに泣いても、喚《わめ》いても、しらんぷりをしていたのでした。そして、溜《た》め息をついては神様に祈るのでした。「縁があって、こうしてわたしたちのもとにきょうだいとして生まれてきたふたりです。どうぞ、仲よくくらせますように」

その日もひるご飯をたべながら、ササンガとモモンガはまたけんかをはじめました。「おにいちゃんのパンのほうがおおきいぞ！」と言って、モモンガがササンガのお皿に手を伸ばしたのです。そのモモンガの手をササンガががぶりとかみつき、モモンガが大声をあげて泣きだすと、おかあさんはすっかり悲しくなって、お皿をかたづけるとひとりで裏の畑へ出て行ってしまいました。そして、その後も、ササンガとモモンガはぶつぶつと悪口を言い合いながら、食べつづけていたのでした。

するとそのときだれかがドアを叩《たた》いたようでした。ササンガとモモンガは先を争って戸口に走ってゆきました。だって、森のはずれのササンガとモモンガの家に人が尋ねてくることなんて、めったにないことだったのですもの。ササンガが勢いよくドアを開けました。でも、お日様の光といっしょにすーと風が吹き込んできただけで、そこにはだれもいませんでした。「おかしいなあ」「うん、おかしいよ」こんなときは、ふたりの意見が合うのです。

ふたりはざんねんでたまりません。外へ出てあたりを見まわしましたが、やっぱり人の姿は見えませんでした。あきらめてドアをしめようとしたときです。「ササンガ、モモンガ」という声が聞こえました。ふりかえって見ましたが、やはりそこにはだれもいませんでした。「おい、モモンガ、だれかがよんでなかったか？」「うん、よんでたようなきがする」「でも、だれもいないじゃないか」「そんなのぼくのせいじゃないよ」ふたりはぷりぷりしてまた、言いあらそいをはじめました。「おまえが『だれかドアをたたいている』なんて言ったからだぞ」「ちがうよ、ぼくじゃないよ、にいちゃんが先にそう言ったんじゃないか」「うそ言え！　おまえが言ったんだ」「にいちゃんが言ったんだぞ」

「うるさい！　きょうだいげんかなんかしている場合じゃない！」という声が、こんどは、はっきりきこえました。ふたりが声のするほうを見ると、ドアの前の敷石に、小人がうで組みをして立っているのでした。小人は顔をまっかにし、目をつりあげて、うーんと怒っているようでした。「おまえたちがそんなふうにけんかばかりしているから、とうさんがけがをしたんだ！」ふたりはその小人がなにをいっているのか分からず、きょとんとしていました。

「いいか、よくききなさい。おまえたちのとうさんが森でけがをした。大けがだ。すぐに手当てをしないと死んでしまうくらいの大けがをした」ササンガとモモンガは信じられませんでした。ふたりがだまっていると、小人は続けてこう言いました。「とうさんは今朝、沼のほとりに立っている杉の大木を倒そうとしていた。2時間も斧《おの》を振りつづけて、ようやく三分の一の太さまで、幹《みき》に斧が入った。とうさんはそれからは一振り一振り、とっても気を付けながら斧《おの》を振っていた。大きな木はもういつ倒れてもよいくらいになったからな。そこへリスのきょうだいが通りかかったのだ。キッキ、キッキと大きな声をだしているので、とうさんは気になった。リスたちは一つぶの木の実を取り合って喧嘩をしているようだった。おまえたちのとうさんは、2匹のリスが喧嘩をしているその姿を見て、おまえたちを思い出したのだ。「今朝もでてくるとき、おおげんかをしていたが、今ごろどうしているだろうか。仲よく、かあさんのてつだいをしているといいんだが……」そう思うと、喧嘩しているリスをほおっておけない気がした。そのとき、とうさんはおべんとうの中に、かあさんが栗の甘煮《あまに》を入れてくれたことを思い出した。とうさんは、それをリスにやって、きょうだい喧嘩をやめさせたいと考えたんだ。

だが、今手を休めたら、その大きな木がいつ倒れてくるか分からない。あぶないからそんなことはしないほうがよかったのじゃ。もちろん、15のときから木を倒しているとうさんが、そんなことを分からないはずがない。でもな、いつもいつも喧嘩をしているおまえたちのことを心配しているとうさんは、おなじように喧嘩をしているリスのきょうだいを、だまってみすごすことができなかったのじゃよ。そして斧《おの》を振るっていた手をやすめ、弁当のつつみをひらいて、栗をリスにやったのだ。

そのとき、おまえたちのとうさんはリスにこう言ったのだ。『いいか、おまえたち、きょうだい喧嘩をするものではない。こんな森の中でけんかをしていては暮らしてゆけないだろう。だれが見つけた木の実でも、いつでも分け合わなくてはいけないのだよ。そうして力をあわせて仲よく暮らすんだ。そうしたらこの森でぶじに、たのしく、そしてながくくらすことができるのだよ』

そのとき、めりめりというおおきな音がした。リスどもはすばやくにげ出したが、とうさんは一瞬おそくてにげられなかった。そして、倒れてきた木がとうさんのあたまの上に落ちてきた。それきり、とうさんは気を失ってしまった。

すぐに天国から天使がおりてきて、とうさんを連れてゆこうとした。そこでわしは言ったのじゃ。『この男はきょうだい喧嘩をしていたリスを諭《さと》すために、こんなことになったのじゃ。それというのも、この男のむすこたちもしじゅう喧嘩ばかりしておってな、おとこはそれが心にかかってならなかったのじゃ。だから、リスをほおっておけなかったのじゃろう。なんとか、神様にとりなしてもらえないだろうか。そして、こんどだけは助けてもらえないじゃろうか。このまま天国に行っては、さぞかしこの男は心残りじゃろうて』

天使は神様にわしのたのみをとりついでくれた。そして、神様は『こんどはたすけてやろう』と言われた。じゃが条件があるとも言われた。それをおまえたちに伝えるために、わしはここに来たのじゃよ」

ようすを聞きつけて、おかあさんが裏の畑からとんできました。「それで、とうさんはだいじょうぶなんでしょうか」「だいじょうぶかどうかはここにいるササンガとモモンガ次第じゃ。天使がつたえてくれた神様のみ心はこうじゃ……この森のずーっと奥に、高い峰《みね》があり、そのてっぺんにヒーリー草という薬草がある。それを口にいれたら、とうさんは死なずにすむ。ただし、そのヒーリー草はササンガとモモンガのふたりで取りに行かねばならない。そして、もうひとつの条件は、その旅のあいだ中、ふたりがいちどでも、言いあらそいや喧嘩をしない、という条件なのじゃ。いちどでも喧嘩をしたら、そのときはとうさんはこの世をはなれて神様のみもとに召される。……

どうじゃ、ふたりとも、やくそくできるかな。道中いちどたりとも喧嘩をせず、そのヒーリー草を取ってくることができるかな。とうさんの命はおまえたちにかかっているのだぞ」

ふたりはびっくりしてしまいました。そして、どうしたらよいか分かりませんでした。おとうさんとおかあさんに、「森の奥には行ってはいけないよ」と言われていましたから、春になるときんぽうげが一面に咲く野原からむこうには行ったことがないのです。ましてや、ふたりきりで高い峰に登るなんてことができるでしょうか。

「おまえたち、とうさんを助けるために、ぜひ行っとくれ。わたしも知ってるよ。ヒーリー草はあの峰の上にしか生えていないんだわ。ああ、わたしが行けたらどんなにいいでしょう。でも、神様はおまえたちふたりで行きなさいとおっしゃっている。それも喧嘩をせずに……。どんな小さな言いあらそいもしてはいけないよ。肩でちょっとこづき合うのもいけないよ。フン、と心の中で思うことも、神様はゆるしてくださらないんだよ」

……そんなことできるだろうか。だってぼくたちは1日だって喧嘩せずにすごしたことはないんだから。……

「ああ、おまえたちがふだんから仲のよいきょうだいだったらよかったのに……。こんなに朝から晩まで喧嘩のしどおしじゃあ……。旅のあいだだけでも仲よくしておくれ。とうさんを助けるためなんだから、後生《ごしょう》だからそうしておくれ」おかあさんは心の底からササンガとモモンガにたのむのでした。

もちろん、ふたりはおとうさんの命をたすけなくちゃ！　と思いました。おとうさんの命を助けるためだったらなんでもしよう！　と思いました。今の今まで喧嘩ばかりしていましたが、もう、そんなことをしてはいられません。ふたりが喧嘩せず、森の奥の高い峰に生えているヒーリー草を取ってきて、そしておとうさんの口に含ませれば、死にかけているおとうさんが助かるのです。おとうさんはまた、ぼくたちを両腕にだいてキスしてくれるのです。あたまをなでて、「なかよくするんだよ」と言ってくれるのです。

ササンガが言いました。「モモンガ仲よくしよう」「うん、おにいちゃん、ぼくもう悪口なんか言わないよ」「ぼくもモモンガの頭をたたいたり、うでにかぶりついたりしない」「仲よくしようね」「ヒーリー草を取ってきて、きっとおとうさんに元気になってもらおうね」

それを聞いて、おかあさんはたいそう喜びました。そして、おおいそぎでふたりにおべんとうをつくり、あたたかいコートを用意しました。そして、ふたりは出発したのです。「よいか、くれぐれも喧嘩するでないぞ。あいてのことをわるく思うことも、神様は許されないということをしっかりおぼえておくのじゃ。悪口を言いそうになったり、責めることばをはきそうになったら、おまじないをとなえるとよい。そうじゃ、心がおだやかになるおまじないのことばをおしえてあげよう」

小人がおしえてくれたおまじないのことばは「すーっちょ、すーっちょ、さみこみさ。めーっしゅ、めーっしゅ、からかんげ。いたものりばひ、きのじふえかえ」というものでした。ササンガとモモンガは3回となえておぼえました。そして、わるくちを言いそうになったり、けとばしたくなったり、たたきたくなったときには、きっと「すーっちょ、すーっちょ、さみこみさ。めーっしゅ、めーっしゅ、からかんげ。いたものりばひ、きのじふえかえ」というおまじないをとなえて、決して喧嘩はしまい、そして、ヒーリー草を取ってきて、おとうさんをたすけよう、と心につよく思ったのでした。

こうしてササンガとモモンガのふたりはでかけました。30分もあるいたころ、モモンガの足が痛くなりました。「おにいちゃん、あしがいたいよう」……「そんなことしるもんか！　おまえのあしのいたいのなんてぼくのせいじゃないよ」ササンガは心の中でそう思い、思わず「そ……」と口にするところでした。ササンガはこんな大事なときにあしをいためたモモンガがにくらしくてたまりません。けれどそのとき、ササンガは小人がおしえてくれたおまじないを思い出しました……あぶない、あぶない。そんなことを言ったら、おとうさんを助けることができなくなる……「すーっちょ、すーっちょ、さみこみさ。めーっしゅ、めーっしゅ、からかんげ。いたものりばひ、きのじふえかえ」ゆっくりゆっくりとなえると、どうでしょう……「早くあるきすぎたね。おまえはぼくより小さいのだから、もっとゆっくりあるこう」ササンガはモモンガにむかってこんなやさしいことばを言っていたのです。すると「ありがとう、おにいちゃん」とモモンガが言うのでした。ふたりはなんだか心があったかくなったような気がしました。そして「ふーん、こんなふうに言うと喧嘩にならないんだ」と思いました。

しばらくするとササンガが「おしっこしたくなったから、ちょっとまってて」と言ってやぶの陰にむかってはしりだしました。モモンガは「いそがなくちゃならないのに、しょうがないなあ。おにいちゃんのくせにがまんできないのか！」と思い、「い……」と言いかけて、いそいで口をとじました。「あぶない、あぶない。そんなことを言ったら、おとうさんを助けることができなくなる」。そして、そう言うかわりに「すーっちょ、すーっちょ、さみこみさ。めーっしゅ、めーっしゅ、からかんげ。いたものりばひ、きのじふえかえ」ゆっくりゆっくりととなえたのでした。すると、どうでしょう……「おにいちゃん、ぼく待ってるから、いそがなくていいよ」ということばが口からでてきたのです。ササンガは「ありがとう、いそいでしてくるからまっててね」と走りながらこたえました。おにいちゃんがかえってきたとき、モモンガはササンガのかおを見てにっこりわらいました。ササンガも思わずにっこりしました。ふたりはなんだか心がかるくなったように感じました。そして、ふーん、こうすれば喧嘩にならないんだ、と思いました。

こうして1時間もあるいたころ、とうとうふたりの前に高い高い峰があらわれました。てっぺんは雲にかくれて見えません。「いったいぜんたいこの峰はどのくらい高いんだろう?」ふたりはとほうにくれてしまいました。こんな高い峰をいったいどうやって登ったらいいんでしょう。ササンガは「おまえがいつもぼくのわるくちを言うからいけないんだ。だからおとうさんが大怪我《けが》したんだ」「おにいちゃんがぼくをたたくからいけないんだ。だからいつも喧嘩になるんだ。おにいちゃんがぼくをたたかなかったらおとうさんは大怪我せずにすんだんだ」「モモンガ、おまえのせいだぞ、おまえがぼくの言うことをきかないから喧嘩になるんだ」「おにいちゃんがやさしくしてくれればいいのに!」……登れそうもない高い峰をまえにして、ふたりはおたがいにあいてを責めるきもちになっていました……あぶない、あぶない、心のなかでも思ってはいけない、って小人が言っていた! ああ、いつものくせでモモンガを悪く思ってしまったけど、神様は気がついたかしら?……あぶない、あぶない、ちょっとでも心の中で悪口をいったら、おとうさんは助からない、って小人が言っていたっけ! いつもすぐにおにいちゃんのせいにしてしまうくせが出てしまった。神様は分かったかしら?……もちろん、なんでもご存知で、わたしたちが心のなかで思っていることさえもお分かりになる神様は、ササンガとモモンガがお互いに心のなかで責め合っていたことを、ちゃーんとお見通しでした。でも、そのあとふたりが「すーっちょ、すーっちょ、さみこみさ。めーっしゅ、めーっしゅ、からかんげ。いたものりばひ、きのじふえかえ」といっしょうけんめいとなえている姿をごらんになって、こんどだけは見ぬふりをしよう、とお決めになったのでした。

おまじないをとなえると、心のなかでモモンガの悪口を言っていたササンガのきもちが、おだやかになりました。そして、「おにいちゃんがこの峰を登って、ヒーリー草をとってくるから、モモンガ、おまえはここで待っていて」「ぼくもいっしょに登るよ。おにいちゃん一人で登るのはたいへんだよ。きっとぼくも役に立つよ」「おまえは小さいんだから、待っていたらいい。だいじょうぶ、きっとヒーリー草を取ってくるから」……ふたりは胸がいっぱいになりました。ササンガはモモンガを「大切なおとうとなんだ」と思い、モモンガもササンガを「大好きなおにいちゃん」と思うのでした。こんなふうにおたがいが、おたがいを思いやることはふたりにとってはじめてのことでした。そして、二人は、こんなふうに助け合ったり、かばいあったりすることがどんなにうれしいことか、はじめて知ったのでした。

そんなふたりのようすをごらんになっていた神様は、こまっているふたりを助けてあげようとお思いになりました。神様はふたりの天使をお呼びになり、ササンガとモモンガを抱き上げて、峰の上に運んであげるようにお命じになったのでした。天使たちはササンガとモモンガのそばに行き、こうささやきました。「神様が、あなたがたふたりがお互いをたいせつにし、かばい合っている姿をごらんになってわたしたちに助けるように命じられたのですよ。さあ、わたしたちの翼《つばさ》にのりなさい。峰の上につれていきましょう」天使はササンガとモモンガを抱き上げて、峰の上に運びました。そこにはうす紫いろの美しいヒーリー草がいちめんに生えていました。ササンガとモモンガはたった一輪摘《つ》みました。すると天使はふたたびふたりをその大きな白い翼にのせて、森のうえをとび、おとうさんが倒れている沼のほとりにつれてきました。

天使の翼からおりたふたりは、いそいでおとうさんのそばに走りよりました。そして、小人に言われたように、ヒーリー草の葉を一枚、また一枚と静かにおとうさんの口にふくませました。3枚めの葉を口にふくませたときです。まっ青だったおとうさんの頬《ほお》がうっすらと赤くなったようでした。5枚めの葉をふくませたとき、おとうさんは閉じていた目をあけました。そして7枚めの葉をふくませたとき、おとうさんは口をひらき、「ああ、おまえたちが助けてくれたのだね」と言ったのでした。

おとうさんは知っていました。ササンガとモモンガがヒーリー草を取りに行っているあいだ、小人は森にもどってきて、おとうさんの耳元でささやいたのでした。ササンガとモモンガが喧嘩をせずに、ヒーリー草を取ってくることができたら、おとうさんが助かるのだ、ということを。そして、おとうさんは子どもたちが仲良く、喧嘩をせずにもどってくることができるようにと、一心に祈っていたのでした。

ササンガとモモンガが力をあわせて、困難をきりぬけ、自分のためにヒーリー草をとってもどってきてくれたことを、おとうさんはどんなに嬉しく思ったことでしょう。どんなに感謝したことでしょう。そして、どんなに誇りに思ったことでしょう。

「おとうさん、ぼくね、モモンガにいじわるを言うかわりにやさしいことばを言ったら、うれしいきもちになったんだよ」「おとうさん、叩《たた》きたい気持をがまんして、ササンガを大切におもったら、とってもやさしい気持ちになったんだよ」「ぼくたち、小人に、とってもききめのあるおまじないをおしえてもらったんだ」「そして、おまじないをとなえたら、わるくちのかわりに親切なことばが口から出てきたんだ」「けとばしたくなったとき、おまじないをとなえたら、知らない間に、ぼくはモモンガをたすけていたんだよ」「そうしたら、とってもいいきもちになったんだ」「やさしくしたら、心があったかくなったんだ」

ヒーリー草のおかげですっかり元気をとりもどしたおとうさんと、すっかりなかよしになったササンガとモモンガは、おかあさんの待っている家にかえりました。三人の姿を見たお母さんの喜びは、たとえようもありませんでした。神様にどれほどかんしゃしたことでしょう。

それからササンガとモモンガは、喧嘩をしたくなると「すーっちょ、すーっちょ、さみこみさ。めーっしゅ、めーっしゅ、からかんげ。いたものりばひ、きのじふえかえ」と、となえましたので、ふたりが喧嘩をすることはすっかりなくなりました。

ふたりは大きくなってきこりになり、おとうさんといっしょに森へでかけては、町の人が必要なだけの木をきりたおしているということです。おかあさ

んも、元気ではたらく三人のために毎日おいしいおべんとうを作っているそうですよ。

そうそう、ササンガとモモンガは喧嘩をしなくなったので、今ではあのおまじないのことばも忘れてしまったということです。

■ホーム・ケア■

「熱がでたとき、どうしましょう?」

子どもが突然熱を出して慌《あわ》てた経験はありませんか?
子どもの発熱にはどんな意味があるのでしょう。
子どもの内で「自我」が成長する時に発熱する、
と、シュタイナーは言います。
今回は「発熱の苦痛をやわらげるレモンの湿布」です。

夕方まで、あんなに元気に遊んでいたのに、食卓についたとたんに急にぐったりして、熱を計ったら39度もあってびっくり! 子どもが夜分に突然熱を出して慌《あわ》てました……子どもを育てたことのある方なら、そんな経験を一度や二度はなさっていることでしょう。それほど、子どもは突然熱を出すのです。どうしてなのでしょう? 子どもが発熱するということは、どんな意味があるのでしょう?

ルドルフ・シュタイナーは……子どもたちの内で「自我」が成長する時に発熱する……と言います。いったい、自然界の中で「熱」はどんな状態の中で生まれるでしょうか。物と物がぶつかる時、物と物が擦《す》れあう時、物が燃える時、物が形を変える時に「熱」が生まれますね。人間も同じように、ぶつかる時、擦《す》れあう時、燃える時、形を変える時に熱が出ます。では、わたしたちの内で、いったい何がぶつかり合い、何が擦《す》れあったり、燃えたり、形を変えるのでしょうか。

子どもは母親の体内に宿ります。そして、10ヶ月の間、静かで、温かく、安全で、必要なものが十分与えられる環境で成長します。そして、10ヶ月経つと母親の体内から出て、自分で呼吸を始めます。つまり、完全に与えられ、守られて成長していた環境から自分の力でお乳を吸い、自分の力で成長していく段階に進むのです。これは実に大きな環境の変化です。この大きな環境の変化を乗り越えるために、子どもは母親から免疫《めんえき》をもらってきます。地球上に存在するさまざまなバクテリアやヴィールスに対する免疫です。ですから、生まれてから3ヶ月くらいの間は、その免疫の力に守られて、子どもは病気をせずに育ちます。生まれたばかりの、3000グラムくらいしかない、あの小さな身体にバクテリアやヴィールスが入ったら、ひとたまりもなく冒《おか》されてしまうでしょう。こうして子どもは守られているのですね。

けれど、臍帯《せいたい》（へその緒）で結ばれて、臍帯《せいたい》を通して必要なものを与えられていた母親のお腹の中と、この地上の環境はまったく違います。この地球上で今から、子どもは自分の力で、そして、たった一人で生きてゆかなければならないのです。勿論、両親をはじめ、たくさんの人が助けてくれます。たくさんの人が子どもが成長するために必要な環境を整えてくれます。けれど、身体の中のことまでは、助けてもらうことはできません。子どもは、身体の中に入ってこようとする、そして、身体を冒《おか》そうとするバクテリアやヴィールスと、たった一人で闘《たたか》わなければなりません。そうです。そのために力をつけなければなりません。子どもはどんなバクテリアやヴィールスにも打ち勝ち、あるいは、共生しなければならないのです。

生まれて3ヶ月たった頃、母親から貰《もら》ってきた免疫が失われます。さあ、いよいよ子どもは自分の力でバクテリアやヴィールスに向き合わなければなりません。免疫が失われた子どもの身体に、バクテリアやヴィールスは簡単に入ってきます。でも、仕方がありません。一度は対面しなければ、そのバクテリアやヴィールスが必要なものであるかないか分らないのですから……。こうして、子どもの身体はバクテリアやヴィールスを身体に受け入れるのです。そして、それと闘います。

この時、バクテリアやヴィールスと闘いながら子どもの身体の内で、免疫細胞が生まれます。そしてこの免疫細胞と病原菌がぶつかります。擦《す》れあいます。こうして、発熱するのですね。

それは、子どもにとって、生まれてはじめての他者との出会いなのです。自分ではないものを、自分の身体の中に受け入れ、自分以外のものと、子どもはこうして出会うのです。

これが、子どもの内ではじめて生まれる自我の芽なのです。小さな、小さな、この自我の萌芽《ほうが》を、わたしたちは大切にしなければなりません。「身体がすごく熱いわ、どうにかしなくちゃ！」「ぐったりしているわ、どうしよう！」「呼吸をするのが苦しそう、かわいそうに！」と、慌《あわ》てふためいて、すぐに解熱剤《げねつざい》を挿入《そうにゅう》したり、注入することは控《ひか》えましょう。

子どもの身体は、病原菌を受け入れ、病原菌と出会う必要があるのです。そして、それとぶつかり、擦《す》れあって、はじめてその病原菌が自分の身体にとって必要な物であるかどうかということが分るのです。病原菌と出会うことによって、その病原菌に対する免疫細胞が生まれるのです。

病原菌と出会い、その病原菌に対する免疫細胞が作られようとしている時、あなたが慌《あわ》てふためき、子どもの身体に抗生物質を送り込んでその病原菌を殺してしまったら、子どもの身体の内で生まれようとしていた免疫細胞が、生まれるチャンスを逃します。

そして、そのチャンスは、子どもが自分以外の他者と出会うチャンスでもあるのです。子どもが熱を出してうんうん唸《うな》っている姿を見るのは辛いものです。真っ赤な顔してハーハーと荒い息づかいを聞いているのも耐えられません。けれど、子どもの身体は、今、こうして成長しようとしているのです。子どもの成長は目に見えるものだけではありません。身体の内の成長、心の成長、そして精神の成長があります。体重が増え、身長が伸び、首が据《す》わり、寝返りができるようになる……というような目に見える身体の成長だけでなく、目に見えない心と精神の成長にも心を配りましょう。その成長は、わたしたちがわたしたちの全存在をかけて注意を払っていたら、目にも見えるし、耳にも聞こえるし、手にも触れることができます。こうして、子どもたちは熱を出して、病原菌と出あい、免疫をつくり、他者と出会っているのです。ありがたいことです。

わたしたちができることは、無理やり熱を下げることではありません。病原菌との出会いの時が過ぎれば、熱は自然と下がります。ですから、わたしたちが子どもたちにしてあげられることは、病原菌と闘い、熱を出している子どもたちの苦痛を、少しでも和らげてあげることです。今日は、そのための「レモンの湿布」をお伝えします。

発熱の苦痛をやわらげるレモンの湿布

用意するもの

・洗面器いっぱいのお湯
・レモンを1個（できれば、バイオダイナミックかオーガニック農法で作られたものが手に入るといいですね）
・ナイフか包丁
・木綿か絹の布を2つ（足先から膝《ひざ》を巻ける幅と長さのあるもの。小さな子どものためでしたら、タオルや手拭《てぬぐい》で間に合います）
・バスタオル
・ウールの布（スカーフも使えます。小さな子どもには大人用のソックスでもかまいません）
・安全ピンを2本

レモン湿布の仕方

1 部屋は暖かく、うす暗くしてください。発熱した子どもは寝床に入れて、温かくしてあげてください。パジャマの裾《すそ》をまくって、足先から膝《ひざ》まで出してください。湿布を用意している間は、両足をバスタオルで包んであげてください。

2 レモン湿布は両足が温かくなってからします。まだ熱が上り続けている時には、足は冷たく、その時に湿布をするのは好ましくありません。熱が出ようとしている時は、まだ身体が温かさ（温湿布）を必要としていないのです。

3 お湯の入った洗面器の中でレモンを半分に切り、4本の切り込みを入れます。それを掌《てのひら》で洗面器の底に押しつけ、ぐるぐると回しながらしっかりレモン汁を出します。

4 レモン汁が入ったお湯の中に、木綿の布を浸《ひた》します。この時、ウールの布を足の傍《そば》に置いて用意しておいてください。木綿の布をできる限りきつく絞《しぼ》ります。

5 膝《ひざ》からつま先にかけて、木綿の布をすき間なく巻きます。つま先は巻かないで残してください。布は肌にぴったりと着くように、ただし、あまりきつくないように巻いてください。終わったらすぐに、その上にウールの布で、湿布した足を包んでください。そして、ピンで留めて下さい。小さな子どもには、ウールのソックスをはかせたら良いでしょう。

6 もう一方の足も同じようにしてください。

7 温かくして子どもを寝床に入れてください。

8 20分後には、布が乾くでしょうから、もう一度湿布しましょう。一時間続けたら、30分休みをとってください。子どもが楽になったようでしたら終わりにしましょう。湿布をしている間に子どもが眠ってしまったら、やはり止めましょう。その時、湿布した布がまだ温かいようでしたら、そのままにしておき、冷たくなったら取りましょう。

ここにわたしが書いたことは、あくまでも原則論です。親として、認識しておかなければならないことをお伝えしました。子どもが発熱した時には、いつにも増して注意深く子どもを見ていてください。そして、いつもはしないおかしな行動をしたり、熱が続いたり、目がおかしかったり、息遣《いきづか》いが変化したら、いつも診《み》ていただいているかかりつけの医者にすぐに診《み》てもらってくださいね。

大村祐子さんが皆様から
寄せられたご質問に回答します。
子育ての悩み、教育問題、
人智学、人生相談、人間関係など、
テーマは自由です。

Q&A

質問をお寄せください。
FAXまたは郵便でお願い致します。

あて先〒101-0054東京都千代田区神田錦町2-9-1　斉藤ビル
ほんの木「大村祐子さん」Q&A係まで
FAX03-3295-1080　TEL03-3291-5121（編集室）
あなたのお名前、ご住所、電話番号をお書きください。
質問は編集部で200字以内にまとめます。原則的に記名で掲載します。（イニシャルも可）

私のまわりにいる心が病んでいる人達、力や強さがあることを気づいてほしい。

Q 今、私のまわりに、たくさん心が病んでいる人達がいます。どうしたら、人それぞれが持っている強さや力が彼ら彼女らにもあるのだ、ということが分かってもらえるのだろうか……と考えています。

東京都　本池和歌子さん

A 「ひびきの村」にも、心を病んでいる方が訪ねてきます。ある方は1日2日、滞在されます。長く滞在して「自然と芸術と人智学を学ぶ」プログラムで学ばれる方もいます。農場で働く方もいます。事務所の仕事や、えみりーの庭の人形作りを手伝ってくださる方もいます。特にこれということもなく、散歩したり絵を描いたり、また温泉に浸《つか》って気の向くままに過ごされる方もいます。

わたしやわたしの仲間は、その方々の力になりたいと考えています。心を病んでいる方は、お一人お一人がそれぞれ異なる問題を抱えています。すべての病気に効く薬がないように、すべての方に同じように力になることもありません。ただ、自然の持つ力、芸術の持つ力はすべての人を癒します。

わたしたちはどなたの力にもなるようにと、「自然と芸術と人智学を学ぶプログラム」を始めました。このプログラムは「意志」と「感情」と「思考」の力をバランスよく獲得できるように、考えられてつくられました。ここでは、「意志」

と「感情」と「思考」の力をすべて使って学ぶことができます。

ある方は、強い思考力を具《そな》えられていて、ご自分の状況や状態を細かく分析し、何が問題であるのかを理解していらっしゃいます。ただ、頭で理解していても、心が動かないのです。心が動かなければ当然身体も動きません。ですから、考えて、考えて、どうどう巡りを続けるしかないのです。それはとても苦しいことです。頭で分って、それをどうにもできないだけに、尚更《なおさら》、苦しいのですね。そのような状況に在る方には、芸術活動をたくさんできるようなプログラムを組みます。絵を描いたり、歌を歌ったり、体操をしたり、フォルメンもします。もうすぐ、「ひびきの村」にオイリュトミストがいらっしゃいます。そうしたら、オイリュトミーもしていただけます。

芸術は心の動きを色で、形で、動きで表すものです。どんな小さな心の動きも、身体を使って表現する機会を持つと、身体が喜びます。その喜びをまた、心が感じます。それをまた身体を使って表現します。身体は前よりもっと喜びます。心はその喜びをいっそう強く感じます。そしてまた身体が……。

本池さん、こんなことが続いていったら、わたしたちの心と身体はどうなるとお思いですか？　そうなのです、心は柔らかく、美しいもの、美しい心、善なるもの、善なる行為、真なるもの、真なる思考を強く感じるようになるのです。心が動けば身体は自然と動きます。

人によっては、3ヶ月で見違えるように元気になります。1年かかる人もいます。2年、3年……人はみんなそれぞれ違います。でも、本質は違いません。わたしたちはだれでも、「身体」と「心」と「精神」が具《そな》えられています。そして、「身体」と「生命体」と「感情体」と「自我」を持っています。それぞれが「意志」「感情」「思考」の働きを促します。すべての人間は、具えられたものと、授かった力を育て、それを用いて自らの使命を果たし、精神の進化を遂げる道を歩むために生まれてきました。どの人も例外はありません。障害を持って生まれてきた人も、後に障害を持つようになった人も、誰でもです。

心を病んでいる人は、今、病む必要があるのでしょう。それを克服する過程で、必要な人と出会い、必要なことを学び、必要な経験を積み、必要な力を得るのだと思います。本池さん、あなたの傍《そば》におられるその方に、そう伝えてくださいますか。そして、どんな小さなことでもいいのです。心が動くことを一緒にしてさしあげてください。

人見知りがきつく、内向的な4歳の娘。幼稚園に行けるのか不安です。

Q もうすぐ4歳になる娘。家ではすごく活発ですが、外ではすごく内向的です。子育てサークル等に行っても、見てるだけで何もしようとしない。また、人見知りが赤ちゃんのころからきつく、他の人（大人）はこわがります。家の中でも親（私）を探しまわって

いる状態です。いつかは私から離れていく時期が来るのでしょうが、あまりにも外では私から離れず、他の子どもたちとも遊ぼうとしないので、この先どうなるのか、幼稚園にも行けるのか不安です。

奈良県　匿名希望

A

人見知りの強い子どもの内で、「信頼する心」が、今、育っているのですね。心配なさることはないと思いますよ。辛抱《しんぼう》づよく、見守ってあげましょう。お母さん以外の大人も信頼できるのだ、お母さん以外の人もわたしを愛し、わたしを慈《いつく》しみ、わたしを大切にしてくれるのだ、と心の底から思うことができたら、お嬢さんは不安な心を克服して、きっと人と関わることができるようになると思います。人と関わることを楽しいと実感するようになりますよ。

そのためには、お嬢さんを心から愛し、心から慈《いつく》しみ、彼女のすべてを受け入れてくれる、お母さん以外の人がいるといいですね。あなたのまわりにはそういう方がいらっしゃいますか。思い当たる方がいらっしゃいましたら、その方に、あなたの考えを話して、協力していただけるようにお願いしてください。

自分をしたってくれるから好きなのではなく、自分の気分のよい時だけ可愛がるのではなく、自分の気に入ることをした時だけ誉《ほ》めるのではなく、心から、本当に心から愛し、慈《いつく》しみ、お嬢さんの存在に、心からの畏敬《いけい》の念を感じている方はいらっしゃいますか。してはいけないことをした時は黙って知らないふりをせず、「いけない」と、きっぱり伝える、我が侭《まま》を許さず正しいことを示す、お嬢さんの前に凛《りん》として立つ……お嬢さんの手本になるような方はいらっしゃいますか。

それからもう一つ、お嬢さんと同じ年頃の子どもと遊ぶ機会を持たせてあげられたらいいですね。あなたが心から信頼し、敬愛しているお友だちはいませんか。もし、その方にお子さんがいて、その方がお子さんを、心から愛し、育てているお母さんであったら、なんて幸運なのでしょう！　お母さんに心から愛され、お母さんを信頼しているお子さんでしたら、あなたのお嬢さんも、信頼して一緒に遊ぶことができるでしょう。あなたのお友だちとお子さんと……ほら、もうお嬢さんにはあなたの他に、二人も信頼できる人ができましたよ。こんなふうに、お嬢さんが心から信頼できる人が一人、二人、三人……と増えていったらいいですね。

「学校つまらない」と泣く娘。親としてどうフォローしたらいいのか。

Q

公立小学校に通う1年生の娘が、一学期「学校つまらない」と言って泣いていました。元来、前向きで、積極的な子だったので、どうしてあげたらよいのか分かりませんでした。友達となじめないということもありますが、親としてどうフォローしてあげたらよいでしょうか。

静岡県　萩原有美さん

A

こういう話を聞くと、わたしはどうして良いか分からず、切なくて切なくて胸が痛みます。わたしにできることはないかしら？　と真剣に考えます。お嬢さんはどんなにか、学校へ行くことを楽しみにしていたことでしょう！　どんなにか胸をわくわくさせて、学校で勉強する日を待っていたことでしょう！　そんな彼女の期待とは裏腹に、学校がつまらない所だったとは！　それは彼女にとって、泣かなくてはいられないほどの悲しみだったのですねえ。それなのに、わたしにできることはなにもありません。

あなたは、このことを担任の先生に話される勇気がありますか。お嬢さんが「学校がつまらない」と言って泣いているということを、先生に話すことができますか。……むずかしいことでしょうね。先生が、ご自分の在り方に、ご自分のされる授業に自信と確信を持っていらしたら、聞いていただくことはとてもむずかしいことだと思います。もし、先生が今の学校教育の現状に疑問を持ち、悩み、苦しんでいて、なんとかより良い教育を、授業を、と模索《もさく》している方でしたら、あなたの話に耳を傾け、あなたと一緒に考えたいと思われるかもしれません。どちらにしても、勇気を出して一度話されてはいかがでしょう。

最近の子どもたちは、多くの刺激に晒《さら》されているために、表面的な面白さだけを求めるようになってしまいました。大きな音、奇抜な形、刺激的な色、馬鹿げた動作に強く惹《ひ》かれます。意表をつかれたり、驚かされたり、怖がらされることに喜びを感じるようにさえなっています。静かに、穏やかに、ゆっくりと……そんなことは退屈だと感じます。つまらないことだと馬鹿にします。始終動きまわり、大きな声で話し、大げさな言葉を使い、不意をくらわせ……こんな刺激的なことに馴れてしまった子どもたちは、教室からとっとと消えてしまうと先生方は歎《なげ》いておられます。

でもね、萩原さん、聞いてくださいますか？　今年「ひびきの村」で行った子どものためのサマープログラムの中に、「学級崩壊」に近い状態のクラスがあったのです。担任をした二人のスタッフは歎《なげ》き、悲しみ、悩み、苦しみました。これが、今、日本中の大人が愁《うれ》えている、子どもたちの姿なんだと思いました。そして、わたしたちにその姿を見せてくれている子どもたちに、心から感謝したのでした。同時にその姿を心から痛ましく感じました。わたしたちはなんとかして、子どもたちに、真に学ぶことを体験してもらいたいと考えました。毎日話し合い、工夫しました。担任のスタッフも頑張りました。12人の子どもたちと、一人ひとり向き合うように努め、臨機応変に、それでも基本を崩すことをせず、メインレッスンと、芸術表現の授業を続けました。午後には海で思い切り遊びました。

そうして3日が過ぎると、子どもたちの様子が変ってきたのです。話を聞くようになりました。「つまらない」と言って見向きもしなかった工作に手を出すようになりました。5日のプログラムが終る頃には「もっとここにいたい」と言うようになりました。たった5日間で、子どもたちが変ったのです。このまま、こうして学び続けていったら、子どもたちは本来の姿を取り戻すことができるのに……わたしたちスタッフは皆がそんな思いを持ちながら、授業で描いた美しい色の水彩画や貝殻で作った工作を、大事に抱えて帰って行く子どもたちを見送りました。

　学校に期待することができないのでしたら、萩原さん、今はあなたがお子さんに必要なことをしてあげたらどうでしょう。一年目のブックレットを取り出して、「家庭でできるシュタイナー教育」を、もう一度読んでいただけますか。そして、あなたができることから始めてください。どんなことでも、はじめの一歩を踏み出す時には、勇気が要るものです。あなたの内に勇気が沸き出るよう、心から祈っています。

仕事から疲れて帰ってくると、子どもに心を向けられない時が……。

Q 働いているため、夜7時～10時半までが子どもと過ごす時間ですが、疲れていると身体も心も子どもに向けられない時があります。気持ちを転換するのが下手な時、どうしていますか。

東京都　堀井日出子さん

A わたしも子どもを育てている時、疲れがたまってどうにもならないことが、たびたびありました。そんな時は思うように身体が動きませんでした。日曜日の朝、起き上がる気力もないと感じることがありました。礼拝に出なければ……と気ばかり焦《あせ》っても、枕から頭があがりませんでした。そんなわたしに、わたしは落胆し、憤《いきどお》り、失望しました。けれど、ある朝、わたしは「くよくよするのは止めよう！　教会なんて行かなくてもいい、掃除も洗濯もしなくていい、今日一日ぐらいぐーたら過ごしたっていいじゃない！　だって、わたしはそうしたいんだから！」と、開き直ったのです。

　子どもたちと朝寝を楽しむことにしました。そして、もう一度布団をかぶってゆっくり眠りました。目が覚めるととてもゆったりした気分になっていました。心のすみっこの方から、「いいの？　本当に教会に行かなくてもいいの？　こんなことしてちゃいけないんじゃない？　後悔しない？」と、相変わらずうるさく囁《ささや》き続ける声が聞こえてきました。けれど、わたしはどうしたことか、その朝は、断然、その声を無視することに決めていたのです。

　そして、叫びました。「今日はだらしない親子をしよう！」子どもたちは目を丸くしてびっくりしていました。だって、いつも「だらしないのは嫌。だらしない子は嫌い」と言っているお母さんが、突然、「だらしない親子をしよう！」と叫んだのですから……。

　パジャマのままで台所に行き、わたしがミルクとパンとバナナをお盆に載《の》せて戻ってくると、子どもたちは大喜びでした。「だらしない親子だ！　だらしない親子だ！」と繰り返し叫んでいました。そして、わたしたち親子は、パジャマ姿のままで、ミルクをがぶ飲みし、パンをかじり、バナナをほおばって朝ごはんを済ませました。「だらしない親子ごっこ」はまだまだ続きます。わたしは新聞をひろげて隅から隅まで読みました。流れる雲を一時間も眺《なが》めていました。ウエスト・モンゴメリーのギターをくり返し聴きました。

そうして街にお昼のチャイムが鳴る頃には、わたしはすっかり元気になっていたのです。「元気になった！　さあ、働くぞう！」と声を上げるわたしの傍《そば》で、子どもたちの笑顔は輝いていました。わたしの顔も、きっと子どもに負けずに輝いていたことでしょう。

昼間、仕事をなさっていたら、夜はぐったり疲れることがあるでしょう。堀井さん、そんな時には無理なさらずに、「だらしない親子ごっこ」をしてみませんか？　いつもいつもきちんとして、いつもいつもしっかりしていて、いつもいつも頑張っているお母さんを、子どもさんたちはどんなにか尊敬していることでしょう。でも、時には疲れ果てて、弱音を吐くお母さん、ボンヤリしているお母さん、ごろごろしているお母さんを見たら、子どもさんたちはきっと安心しますよ。

あまりにも完璧《かんぺき》な人と一緒にいる時、堀井さん、あなたは肩が凝りませんか？　そんな時、そんな方が時に、ふっと小さな失敗をすると「ああ、あの人にもあんなところがあるんだわ」と、わたしはほっとするのです。

お母さんも人間なんですもの、いいじゃありませんか。疲れた時は、コンビニでお弁当を買って、家の中が散らかっていても気にせずに、洗濯物がたまっていたら、次の日曜日にまとめてすることにして、ごろごろとしていたらいいですよ。無理をしないことです。1日や2日、そんなふうに過ごしたって、大丈夫！　是非、ためしてみてください。

読者のお便り

(2000年9月現在の情報)

●求めていたものを示してくれた

おぼろげながら、私が求めていたものを、はっきりと形として示してくれる大村さんに感謝するとともに、今後の自分の生き方、子供の育て方の支えとさせて頂きたいと考えています。

(北海道　飯野弘美さん)

●やさしい声が心地よい

活字を通して、すとんと心に落ちてくるシュタイナー関連の本は、初めてです。まるで、わたしのためだけに、耳元で語ってくれているようです。愛に満ちたやさしい声は、心地よいです。いつか、お会いできると思っています。

(三重県　位田曜子さん)

●意志のワーク、明日こそは……

意志のワーク、翌日の朝からやろうと思い、一晩寝たら、あっという間に忘れていました(笑)。でも「今日も忘れた」「また忘れた」と、忘れたことを思い出すことだけは、毎日忘れません。明日こそは。

(愛知県　赤嶺寿美子さん)

●三日間、全くできません

「12時に鼻の頭をこする」。三日間、全くできません。紙に書いて、台所に貼っとこうかな。

(愛知県　佐故圭子さん)

●シュタイナーの病院、福祉施設へ

私も高校生の頃から哲学やら宗教やら心理学やら精神世界やらの本を読み、シュタイナーに出会いました。そして、これだあ！と感じました。今はまだ自分の気づきで精一杯ですが、いつか「ひびきの村」にシュタイナー思想を基にした病院、福祉施設ができるのなら（そのためのお手伝いもしたいのです）、私は北海道へ行きたいと思ってます。

(埼玉県　竹田芙貴子さん)

●みんなで学びたいのに

私の中で感情はとても動かされ、やっぱりシュタイナーはいい（抽象的な表現しかできなくてすみません）と心底思うのに、その思いを職場の同僚や、お預かりしている子供さんの親御さんに上手に伝えられる力がつきません。なぜなのでしょう。広げたいのに、みんなで学びたいのに。

(福島県　門間貞子さん)

●シュタイナー教育がもっと広まれば

ブックレットの二冊目を読み終わり、シュタイナーの考え方がおぼろげながら分かってきたような気がします。大村祐子さんの、誠実さにあふれる文章を読んでいると、いい加減な自分が恥ずかしくなってきます。シュタイナー教育が、もっともっと多くの人に広まれば、世の中も少しはよくなるのではないでしょうか。

(福岡県　荒巻小百合さん)

●お会いしたい気持ちでいっぱい

本を読む度、育児で迷う度、祐子さんにお会いしたい気持ちでいっぱいになります。でも、サクラメントで発見した自分自身の使命を一歩ずつ、今いる名古屋の土地で実現していこう、と歩み始めました。

(愛知県　室谷純子さん)

●大村さんとのつながりに感謝

こういう形で大村さんとつながっている事を嬉しく思います。そして、毎回いろんな事を気づかせて頂く事に感謝しております。今、新しい時代の幕開けを前に、様々に揺れていますが、この時代に今、生かされている自分に感謝しつつ、他人様のため、自分のため、生かしきりたいと思っております。これからもどうぞよろしくお願い致します。

(青森県　一戸館妙子さん)

お便りをお待ちします　あて先〒101-0054東京都千代田区神田錦町2-9-1 斉藤ビル
「ほんの木」大村祐子さん係まで

編集室だより

（2000年9月現在）
●スクーリング・レポート、遅れてます

「9月中に出来上がり」を目標に、暑い夏をフーフー言いながらやってきましたが、誠に申しわけありません。「10月中」に勝手ながら変更させていただきます。すでに大勢の方々からお申し込みをいただいていますが、もうしばらくお待ち下さい。

内容、正直言ってすごくいいのです。幼児教育への視線、心構えや、子どもへの接し方が心にしみるように一つひとつ書かれています。大村さんや、かつて幼稚園を担当していた小野里さん、絵を担当する中村トヨさん、3人の絶妙のハーモニーが臨場感を伴って表されています。

会員の皆様の家庭でも、この「スクーリング・レポート」で何かを発見し、実践できることがたくさんありそうです。小学校、幼稚園の先生、保育園の保母さんにも、ぜひ読んで欲しいレポートです。従来のシュタイナー関連図書とひと味違った、現場で子どもたちに接し、教え、学んでいる「ひびきの村」ならではの出来上がりを、ご期待下さい。

お問合わせ、お申し込みは、

Tel 03・3291・5121（編集室）
Fax 03・3295・1080（編集室）

共に、ほんの木までお願い致します。

●10月22日横浜の講演会が満員！

横浜市南太田の、横浜市婦人会館で行われる久し振りの講演会は「よこはま自然育児の会」の皆様とジョイントで企画をし、8月中旬、本誌での発表から約20日間で満員となってしまいました。約250席を用意しましたが、あまりの応募に、うれしいやら驚くやらで、編集部としてもアタフタとしています。単行本『わたしの話を聞いてくれますか』（大村祐子著・ほんの木刊）が文字通り広がって、本当に感激です。

●講演会を開催・希望される方へ

今年、大村祐子さんは少し講演会の数を減らしています。「いずみの学校」の教壇に毎日立っており、週2回、夕方から夜にかけ、教師になる希望者への養成プログラムも担当しています。（教えられる人が日本では、あまりに少ないことや、ひびきの村での入学希望者のニーズの高まり等を考え、大村さんが直接指導をし、15人が勉強中です）その他、「自然と芸術と人智学を学ぶプログラム」（NAA）、その上、単行本の執筆や、通信講座の原稿、そして単発でお願いする「スクーリング、レポート」の校正など、山盛りのいそがしさなのです。

さて、全国で講演会を希望されている方は、少し先の予定でお考え下さい。学校が休みの時期や、連休などで、若干余裕のあるタイミングがうまく作れる時を狙って、有効なスケジューリングで、大村さんに予定を組んでいただけたらと思います。

講演会のお問合わせは

●ひびきの村事務局
★0142・21・2684（tel&fax）
●ほんの木
★tel 03・3291・5121
fax 03・3295・1080

「ひびきの村」の入会チラシや、通信講座のリーフレットの配布、「ひびきの村」グッズや農産物の販売、また大村さんの関連図書の販売等を講演会の折に展開していただければ幸いです。ご一緒に活動を盛りあげませんか？ よろしくお願い致します。

●勉強会について、考えたいこと

お陰様で第2期めの付録小冊子「心の教室」が、とても好評でうれしく思っています。会員の皆様にお役に立つ情報と、皆様ご自身の声を掲載し、時に大村さんの講演

お便りをお待ちします あて先〒101-0054東京都千代田区神田錦町2-9-1 斉藤ビル
「ほんの木」大村祐子さん係まで

EDITORS' ROOM

録やひびきの村のニュースなどをお届けしようと企画した私共にとって、確かな手ごたえを受けとめています。が、心配なこともあります。と言うのは、各地で勉強会がくり広げられており、そこに参加したいという会員の方々の情報を掲載し、ご紹介を「心の教室」で始めましたが、「うちはもっと何年間も勉強した人だけが集まった、高いレベルのシュタイナーを学んでいます」と言われ、初心者の方が、申し込んだ勉強会で入会拒否をされる、という問題が何か所かで出ているようです。確かに何年も真剣にシュタイナーを深く学んで来ている方ばかりの会に、初心者でこれから学ぼうとする方々が入会することは、全体の会のあり方や、進め方から見ると難しい点が多くあるのではないかと思われます。「どうしたらよいでしょうね」と、拒否された初心者の方々について大村さんも、とても心を痛めていました。皆様はどうお考えになりますか？　何かよい方法があったら教えて下さい。

ほんの木としては、ほんの木、独自の勉強会を大村さんの通信講座をテキストとして開催していただける方々を全国で募集し、活動するべきかな？　とも考えてしまいます。いやはや、何かよいアイディアをいただけますか。

●「心の教室」が欲しいという方へ

ほんの木では、「心の教室」だけが欲しいという方がいらっしゃる場合、特別に送料込み500円（後払い、郵便振込）でお送りしています。でもできればご入会を。

●通信講座と大村祐子さんのこと

「今までこんなわかり易い内容はなかった」という感激のお便りをいただく一方、「学研発行の『シュタイナー教育入門』になぜ大村さんのことも、通信講座のことものっていないの？」という疑問をお寄せくださる方もいらっしゃいます。（この件は、企画を聞いて編集した先方担当者とよく話し合って決定したことです。ご心配なく）

私共は、従来あった、①シュタイナー自身が語ったこと等の翻訳書から学ぶ　②内外のシュタイナー教育の実状や、方法論のレポート　③シュタイナーの人物伝、研究書、という本と違い、大村祐子さんが学んだシュタイナー思想と教育の実践を、大村さんの表現で共に学び、自らの認識としてゆこう、という考え方で通信講座をスタートしました。「ひびきの村」と大村さん、通信講座は一体です。それは教育の運動であり、シュタイナー思想の実践の場でもあります。（単なる通信講座でなく他のシュタイナー書籍と何が違うか？

それは登り口、アプローチが少し違うだけで、登ってゆく目標は、皆同じだと思います。そして、登り口が違うということで、私たちは決して排他的にならないよう、独自のやり方とあり方で歩みながら、気をつけてゆきたいと考えています。

●通信講座をお広めいただけますか

という考え方で、より大勢の方々に大村さんの通信講座を広めていただける方、心よりお待ちしています。私たちは少しでも多くの悩み苦しみ、そして学びたいと願っている仲間を見つけたい、との思いで一杯です。そこで皆様にも、ぜひご支援、ご協力を再度お願いし、シュタイナーの勉強会や、お仲間、知人、学校や幼稚園、保育園などに、絵本の店やシュタイナーグッズの店などに、通信講座のリーフレットをお願いしたいのです。電話、fax、ブックレットのハガキなどでお問合わせ下さい。

★tel 03・3291・5121（ほんの木）
fax 03・3295・1080
〒101・0054 東京都千代田区神田錦町2の9の1 斉藤ビル

★大村祐子さんの「ペダゴジカル・ストーリー」の単行本。年内発売を目指して、ただ今執筆中。ご期待下さい。

「ひびきの村」へお越しいただくために

私たちは、より多くの方に「ひびきの村」にお出でいただきたいと考えております。北海道の大自然の中でゆったりと流れる時間の中に身を置き、身体を動かし、考え、感じたことを、皆様の生きる力にして頂けたなら、こんなに嬉しいことはありません。

●季節の行事、ワークショップへの参加

主に週末や祭日に、季節の行事や、ワークショップをしています。（お月見、花のフェスティバル、オイリュトミー講座など）お仕事をお持ちの方や、お子さま連れのご家族にも参加していただけます。又、夏期には長期、短期のさまざまなサマー・プログラムがあります。内容、時期に応じてお選び頂けます。詳しくはお問い合わせください。

●NAAへの部分参加

18歳以上の方を対象とした、3ヶ月間の「自然と芸術と人智学を学ぶプログラム」（NAA）に、体験入学していただけます。10代の若者たちや、お子さま連れのお母さん、仕事に一区切りをつけた30代、40代の方々が全国から集まり、共に真剣に学び、悩み、喜びを見いだしています。数日間のみの部分参加も可能です。授業内容や学費については、お問い合わせください。

●農作業

5月から10月までの期間、「リムナタラ農場」での農作業をして頂けます。農薬、化学肥料をいっさい使わない、生命の力いっぱいの土に触れただけで元気が湧いてきます。雨天時、ブラックデー（農業に適さない日）、農夫の休日（主に日曜日）には作業を行いませんので、事前にお問い合わせください。冬季にも、建物のメンテナンス、改築工事、農加工品作り等を屋内でしています。

●その他

日程に応じて、事務局での仕事、「えみりーの庭」での手仕事、勉強会や諸々のミーティングを体験して頂けます。内容によっては、小さなお子さまにはご遠慮いただくこともありますので、どうぞご了解ください。詳しくはお問い合わせください。

ご希望の方は、事務局に「訪問申込書」をご請求の上、必ず事前にお送りください。事前にご連絡を頂けませんと、十分に準備を考えることができませんので、ぜひお願いします。

＊「ひびきの村」のことを知っていただくために、村のパンフレット、「えみりーの庭」カタログ、NAAや「シュタイナーいずみの学校」、「こどもの園」のご案内、「ひびきの村行事予定表」などをひとまとめにした資料を、一部５００円（送料込み）でお分けしています。どうぞお求めください。

「ひびきの村」事務局　電話 0142-21-2684　ファックス 0142-21-2694

ひびきの村通信

2002年6月から「ビジタープログラム」スタート！

新しく、ビジタープログラムができました。行事への参加や、農場やえみりーの庭での実習、大村祐子や学校父母との懇親会などを行います。一泊二日のプログラムで、ご希望に応じて村のスタッフや学校、幼稚園の父母の家庭にホームステイしていただけます。通常の訪問に比べ、多くの方と一緒に「ひびきの村」を見学したり、参加者同士が出会い交流することができると好評です。

今後も月に1度は開催します。「ひびきの村」ご来訪の際には、ぜひビジタープログラムにご参加ください。

行事のお知らせ

アドベントガーデン　11月下旬

キリストの降誕節の始まりを祝うための催しです。子ども達は暗闇の中を、リンゴに立てたローソクを手にして樅の木の枝で作られた渦巻きの道を歩きます。そして渦巻きの中央に用意された火をローソクに移し、後から来る人のために、帰る道にそのローソクを置いてきます。こうして子ども達は「勇気」と「火」と「献身」を体験して、キリストの降誕を迎える準備をするのです。

ウィンターフェアー　11月中・下旬

その昔、人々は力を合わせて冬を迎える準備をしました。食物の収穫、貯蔵、薪割り…。家族総出の作業はどんなに楽しかったことでしょう。便利さの代償に、季節感を忘れてしまった私たちはもう、そんな体験をすることはできないのでしょうか。だからこそ今、さあ、私たちも冬支度をしましょう！　人と自然の新しい関わりを共に創りましょう！　そして一緒に陽気な時間を過ごしませんか！

クリスマスキャロル　12月24日

緑と赤の思い思いの服装に身を包み、キャラバンを組んで「ひびきの村」の友人やお世話になった方々に、雪の中をクリスマスソングのプレゼントを配ります。寒い冬空の下を美しい聖歌が響きわたります。どうぞ、どなたでもご参加ください。

聖なる12夜　12月25日〜1月5日

R・シュタイナーによる福音書の講義と、音楽の夕べを持ちます。キリストの降誕の夜から12夜を、人類にもたらされたキリストの衝動について考え、行く歳と来る歳を想いながら過ごします。その後はお茶とお菓子と音楽を楽しみましょう。

お問い合せ「ひびきの村」事務局　北海道伊達市末永町47 SUDOビル3F

「ひびきの村」とは

「ひびきの村」とはルドルフ・シュタイナーの思想・人智学を学び、その実践を試みている共同体です。「教育」を活動の中心にすえながら、シュタイナーが示した「社会三層構造」の理念を実践する努力を続けています。「社会三層構造」とは、人が調和と愛と美の内に共に生きるために、「精神の自由」と「法の下の平等」、そして「経済の友愛」が保障される社会のあり方を指します。広く社会に開かれた活動を目指し、2001年にはNPO法人を取得し、学校をフリースクールとしました。

現在、これだけのことが形になりました。

こどもの園（幼稚園）
フリースクール・シュタイナーいずみの学校（全日制）
自然と芸術と人智学を学ぶプログラム（NAA）
シュタイナー学校教員養成プログラム（T・T）
アクティブ・ユースプログラム
リムナタラ農場
えみりーの庭
ユースセクション
季節の行事・ワークショップ・講演会
ビジタープログラムほか

会員募集

●「ひびきの村」友の会

「ひびきの村」の活動を支えて下さる皆さまの会です。会員の皆さまには年4回、ニュースレター（30ページ）をお届けします。

年会費：1口5000円
振込先：郵便局　口座名：ひびきの村
口座番号：02710・0・48079

●「ひびきの村」のリムナタラ農場を支える会

リムナタラ農場で実践している、バイオダイナミック農業を支えて下さる皆様の会です。年1回、収穫された作物と年2回会報をお届けします。

年会費：1口10000円
振込先：郵便局　口座名：ひびきの村農場
口座番号：02730・7・31062

お申込み・お問い合わせは

ひびきの村事務局
〒052・0021　北海道伊達市末永町47
SUDOビル3F
電話　0142・21・2684
ファックス　0142・21・2694
Eメール　hibiki@hibikinomura.org
ホームページ　http://www.hibikinomura.org

毎週水曜日にウィークリーニュースを発信しています。ホームページhttp://www.hibikinomura.orgをご覧下さい。

大村祐子さんのプロフィール

1945年北京生まれ。東京で育つ。1987年、カリフォルニア州サクラメントのルドルフ・シュタイナー・カレッジ教員養成、ゲーテの科学・芸術コースで学ぶ。'90～'92年までサクラメントのシュタイナー学校で教え、'91年から日本人のための「自然と芸術コース」をカレッジで開始。1996年より教え子らと共に、北海道伊達市でルドルフ・シュタイナーの思想を実践する共同体「ひびきの村」をスタートさせる。1998年帰国。「ひびきの村」代表。著書に1999年3月発売「わたしの話を聞いてくれますか」（小社刊）がある。シュタイナーとの出会いとその実践を綴った感動のエッセイ。

シュタイナー教育に学ぶ通信講座
第2期　NO.3（通巻No.9）
シュタイナーの示す人間の心と精神
「自由への旅」

2000年10月15日　第1刷発行
2002年 9月21日　第2刷発行

著　者　大村祐子
発行人　柴田敬三
発行所　株式会社ほんの木

〒101-0054東京都千代田区神田錦町 2-9-1 斉藤ビル
TEL03-3291-3011
FAX03-3293-4776
振替00120-4-251523
印刷所　チューエツ
ISBN4-938568-81-0

当社の方針により、森林資源の保全にむけた再生紙利用の促進と環境ホルモン対策のため、本書の本文用紙は100%古紙再生紙、OKプリンス上質グリーン100、カバー及び表紙古紙率100%、OKマットコートグリーン100、インキは環境対応インキ（大豆油インキ）、カバーはニス引きを使用しています。

大村祐子作　シュタイナー教育が生んだ

創作おはなし絵本シリーズ1･2巻発売中！

大村祐子作の絵本シリーズがスタート

ひびきの村「小さな絵本」シリーズに、新作をあらたに加え、ファンタジーあふれる絵本ができあがりました。季節にそった春夏秋冬の4つの物語がそれぞれ1冊に織り込まれています。オール・カラーのイラストは「ひびきの村」の杉本啓子さん。「ひびきの村」から初めての、シュタイナー教育が生んだ創作絵本です。

好評発売中

カラー版　創作おはなし絵本1
「雪の日のかくれんぼう」他3作

・著者　大村祐子（ひびきの村代表）
・イラスト／杉本啓子
・定価　1,680円（税込）
・サイズ　四六判　上製　80ページ

◆spring　春の妖精
◆summer　草原に暮らすシマウマ
◆autumn　ずるすけの狐とだましやのマジシャン
◆winter　雪の日のかくれんぼう

PICTURE BOOK BY YUKO OMURA

好評発売中

カラー版　創作おはなし絵本 2
「ガラスのかけら」他3作

・著者　大村祐子（ひびきの村代表）
・イラスト／杉本啓子
・定価　1,680円（税込）
・サイズ　四六判　上製　88ページ

◆spring　大地のおかあさんと根っこぼっこのこどもたち
◆summer　ガラスのかけら
◆autumn　月夜の友だち
◆winter　ノノカちゃんと雪虫

絵本のお申込みは、「ほんの木」までお願いいたします！

送料無料でご自宅までお届けいたします。
お支払いは、絵本をお届けした後、1週間以内に同封の郵便振替用紙にてご入金ください。
TEL.03-3291-3011／FAX.03-3293-4776／Eメールinfo@honnoki.co.jp
〒101-0054　東京都千代田区神田錦町2-9-1 斉藤ビル3階　（株）ほんの木

入門書から子育て、教育、人智学まで

シュタイナーを学ぶ本のカタログ

2002年度〜2003年度版

シュタイナーに関する必要な本が探しやすい！

どの本に何が書かれているか？わかりやすい！

ジャンルから、タイトルから、著者から、出版社から、探せます。あなたの「ルドルフ・シュタイナー」にきっと出会えます。

■好評発売中！

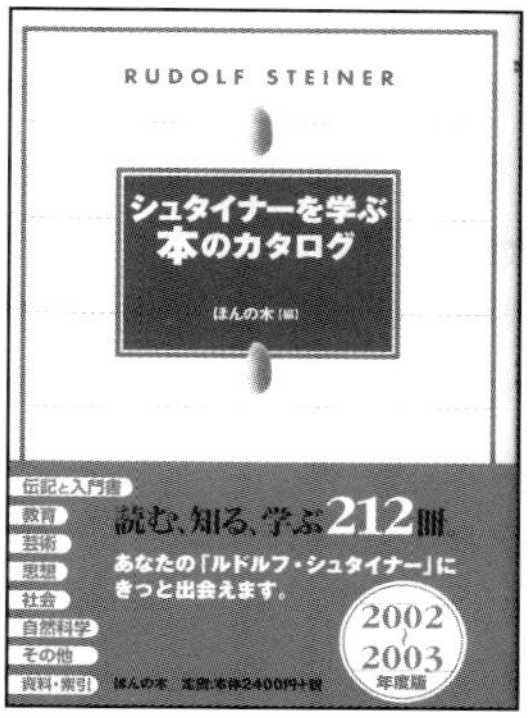

定価2520円（税込） 送料無料

ほんの木編／256頁／A５判

日本の出版社で発売された、2001年末までのほぼすべてのシュタイナー関連書籍212冊を1冊1ページで紹介しました。索引も充実。使いやすく、読みやすい！

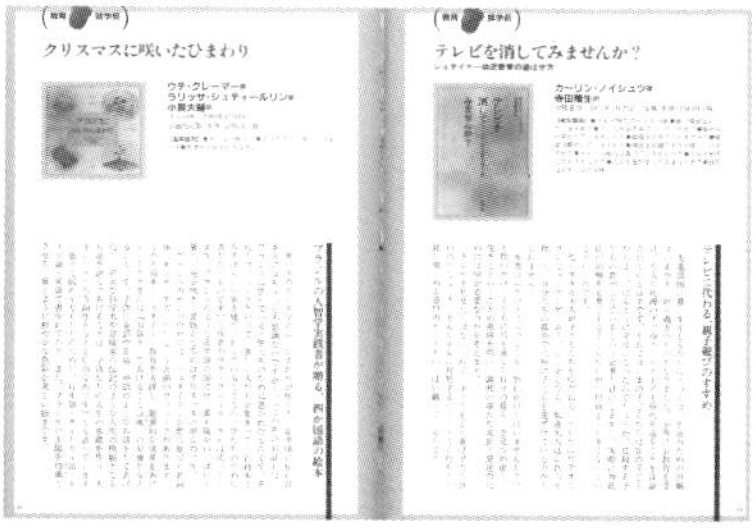

（紹介ページの見本です）

本書に掲載している212冊のすべての書籍は、ほんの木の通信販売シュタイナーブッククラブでお求めになれます。

●

ほんの木
TEL 03-3291-3011
FAX 03-3293-4776
Eメール info@honnoki.co.jp
ホームページ
http://www.honnoki.co.jp/

主な内容

■主要書籍をジャンル別に紹介
・伝記と入門書
・教育（就学前、学童〜思春期等）
・芸術（絵画、クラフト等）
・思想（哲学、人智学、宗教観等）
・社会（社会、経済）
・自然科学（医療、農業等）
・その他（エッセイ等）

■資料
・品切れ、絶版本リスト
・索引（著者・タイトル・出版社別）

■本の通信販売購入のご案内

■ご注文　お近くの書店にない場合は、小社の通信販売をご利用ください。本体価格の合計が1200円以上のお求めは送料無料です。ほんの木　TEL03-3291-3011　FAX03-3293-4776

HONNOKI